DOORSTART

Van Mart Smeets zijn eerder verschenen:

Rugnummers en ingevette benen
Stoempen, snot en sterven
Net echte mensen
Kopmannen en waterdragers
Het Dream Team
Behoorlijk getikt
Door naar de volgende ronde
Stukken beter
Overleven
Hoezo bezeten?
Opgeruimd
De kopgroep
Veelbesproken
Een lange ontsnapping
Een brok in de keel
Ik was nooit in Nagano
Murfreesboro Blues
Prikkels
Oranje boven!
Netwerk
Kriebels
Dertig
Bruisend
100 mannen
Sterren
Spelen
Zomeravondvertellingen
Op koers
In Amerika
De Tour van '80
Retro
Geel
Wereldtour
Helder
Vuur
Sportzomerdagboek
Het laatste geel
Passie
De afrekening
Top
De Lance-factor
Prettig verslaafd
Rond de 40
Dagboek van een sportgek
Gepakt
Niets is wat het lijkt
Commentator
Thuis in de Tour
Verhaal halen
For the record
Aan de meet
Nostalgie
Mijn Amerika
Afzien
Het spel
De Tour van '80 uitgebreide editie
Stille sport
O Canada

Mart Smeets

DOOR START

De Kring

De meeste verhalen in dit boek zijn geschreven voor de zaterdagse column op de site van NPO Radio 1. 'Oekie' is op 29 maart 2021 gepubliceerd in het *Noordhollands Dagblad* en 'Hoekse en kabeljauwse twisten' stond op 18 oktober 2021 in diezelfde krant. 'Een nieuwe lente is nog geen nieuw geluid' is op 12 februari 2021 gepubliceerd op de website van wielertijdschrift *De Muur*, en 'De Blues van een koning' stond in maart 2021 in *NLCOACH*.

Omslagfoto: © Stephan Vanfleteren
Omslagontwerp en typografie: Studio Mulder van Meurs
NUR 489 sportverhalen
ISBN 9789462972209
www.uitgeverijdekring.nl/doorstart
www.martsmeets.nl

Inhoud

7 Inleiding: de nieuwe sportwereld
15 Over coaches en coaches
21 Vijfringen injecties
24 De wissel
27 The noble art of soccer...
33 Wisselen
39 Regels zijn regels
44 Nederland schaatsland
50 Een nieuwe lente is nog geen nieuw geluid
55 Haar eigen beslissing
61 Ontslag in avondkloktijd
63 Dickie Dick
66 Wat is nieuws?
72 Tennis in donkere stilte
77 Schelden, roasten en erger
83 Ontkennen en blijven ontkennen
86 De Blues van een koning
90 Oekies blues
93 De Hoogmis
99 Ook keepers en vedetten maken fouten
103 Olympische voorrang?
107 Trouw aan sport
112 Het dilemma van kritiek
115 Eindelijk door het stof
120 Aanstellen is een vak
125 Spannend vooruitzicht

130 Het gelijk van een tennisspeelster
134 Onbekend en bemind
138 Onduidelijkheid troef
142 Hartwringend
144 The Rubber Games
146 Gedenkwaardig
150 Diepe buiging
154 De bijna antiheld
158 Het Grote Sportfeest in Tokio
164 Juichen en janken
170 Business as usual
173 Emoties
179 Bescheiden en trots
182 Louis van Gaal revisited
187 Een steekje los
193 'Absolutely stunning'
198 Een heel hoge gunfactor
203 Kapje af
205 Drie onbekenden
210 Niet prikken is niet spelen
214 Hoekse en kabeljauwse twisten
216 Hired to be fired

Inleiding: de nieuwe sportwereld

In 2020 werd 'sport' wereldwijd weggestopt als een totale ondergeschikte bijzaak in het leven. Dat was terecht. Er was een pandemie, een begrip waar we de achtergrond niet van kenden maar dat helaas een normaal woord in ons spraakgebruik werd.

We bleken uiterst kwetsbaar, alles werd anders, we keken vol afschuw toe hoe, over de hele wereld, mensen doodgingen aan een ziekte die we ook niet kenden. Ons leven kwam bijna tot een volledige stilstand, leven werd overleven en vol onbegrip gingen we verder. We werden opstandig, protesteerden, beledigden, zonnen op wraak... want ons zo mieters mooie leventje werd ons door alle maatregelen ontnomen. Niet meer naar school of universiteit, thuiswerken, wachten op injecties, geen filmpje pakken of lekker uit eten gaan, twijfelende politici die ons voorgingen in een wandeling door de mist en in de hectiek van het bestaan van 2020 was er ineens ook geen plaats meer voor georganiseerde- en competitiesport.

Sporttassen bleven, onuitgepakt, in een hoekje van de gang staan, we konden niet meer naar trainen. Iemand bedacht ineens dat het profvoetbal wel, maar het hockey niet mocht doorgaan. Nog idioter was de politica die besloot dat mannen wel mochten voetballen en vrouwen niet. Die zo spreekwoordelijke mispeer van Den Haag werd na een dag bliksemsnel gecorrigeerd. Wijsheid blijkt daar in het vakje gevonden voorwerpen te liggen.

Sport kwam in een vreemde slow motion van haar eigen bestaan uit. Grote wedstrijden werden uitgesteld of direct afgeblazen, in Duitsland vond men het spelen van voetbalwedstrijden voor angstig lege tribunes uit; een werkelijke no-go, zelfs voor mensen die zeggen voetbalfan te zijn.

In Amerika probeerde de NBA het met een peperdure 'bubble' waar zeker niet het allerbeste basketbal gespeeld werd en waar ook het publiek node gemist werd en de televisiekijkcijfers teruggleden naar opmerkelijke laagten.

Elders zocht men naar wringende oplossingen om de mens toch maar in beweging te houden. Veel sportschool-activiteiten verplaatsten zich naar een grasveldje in het park, sommige groepslessen gingen online. Tribunes bleven eerst leeg en liepen, door de maanden heen, een pietsie voller, maar de sfeer bij de wedstrijden ontbrak totaal, waardoor sport op televisie bekijken ook geen pretje was.

De Olympische Spelen van Tokio 2020 werden met een jaar uitgesteld, lente-wielerwedstrijden werden naar de vroege herfst overgeheveld, nergens mocht centraal getraind worden, we leefden met angst, er kwamen vaccinaties aan waaraan getwijfeld werd, over de wereld stierven miljoenen mensen aan die merkwaardige ziekte die we leerden kennen als corona en waar al snel de meer wetenschappelijke en internationale term bij kwam: Covid-19.

Totdat er, de hemel zij geprezen, vaccinaties kwamen. Te onzent te laat, eerst chaotisch, later fraai gestroomlijnd in een wereld waar niemand de weg naar de finish wist te vinden.

Sport in die dagen?

Bijzaak.

Maar toch werd er weer gespeeld. De edele voetbalsport hier te lande kreeg een merkwaardige voorkeursbehandeling, maar dat bleek overal te gebeuren; voetbal werd opium voor het wereldpubliek. Er werd gestreefd naar vollere stadions en in de slipstream van het opwaarderen van wedstrijden en competities kwamen toch ook de Olympische Spelen weer in beeld.

Langzaamaan begonnen we weer te trainen en ja, we moesten constateren dat een jaartje Covid-19 een hoop mensen, en ook opmerkelijk veel jonge mensen, had doen besluiten maar niet meer naar de handbalclub of de zwemvereniging te gaan. Een verliespost voor de georganiseerde sport dus.

Grote sporten in Amerika worstelden met weer andere problemen: in staten waar Republikeinen het voor het zeggen hadden, werden American footballstadions weer volgeladen met zingende, schreeuwende en hossende supporters, daar waar Democraten regeerden, beperkte men de stadionbezetting tot een kwart of de helft. Het bewijs van politieke chaos, het bewijs van willekeur, het bewijs van het feit dat we allen zoekend waren.

In 2020 was er in New York bij de US Open tennis gespeeld in een macabere sfeer van doodstille, zwijgende tribunes. De mooiste passeerslagen en stopvolleys werden in diepe stilte geslagen of neergelegd. Het was een sportieve farce.

Dat zou geen tweede maal gebeuren, zei men, en dat gebeurde ook niet.

Ineens, als waren het koeien die na een lange koude winter in de lente vrijgelaten werden in een sappige weide, werd ook de sport weer losgelaten. We mochten weer trainen in een zaal, er werden weer juniorenwedstrijdjes georganiseerd, diverse competities gingen van start, topsport vond weer haar eigen publiek terug... maar dat alles ging maar langzaam en was regiogebonden en vond gedecentraliseerd plaats. Terwijl je naar een voetbalwedstrijd uit Engeland naar brullende menigten keek, staarden bij het voetbal uit Portugal de lege tribunes je angstig aan. Waar in België de Ronde van Vlaanderen in al haar grootheid doorging op de bekende, gulle Vlaamse wijze, werd honderd kilometer verderop de Amstel Gold Race over een gesloten circuit geleid, waar toeschouwers geweerd werden.

Bij het American football mochten er in Alabama bijna 100.000 toeschouwers naar een wedstrijd komen kijken, terwijl het er in Los Angeles nog geen 15.000 waren. Plaatselijke en 'state-regels' dus; mensenwerk. Verwarring alom. Covid-19 was dan weliswaar ietwat teruggedrongen door de vele honderden miljoenen vaccinaties, maar de pandemie bestond nog steeds. En wat snakte de totale wereldbevolking naar vrijheid, kroegbezoek, het afschaffen van strenge regels, men wilde weer in een vliegtuig naar een vakantiebestemming, men wilde naar het toneel, naar een concert, men wilde Tour de France-renners vanaf de kant van de weg zien, men wilde toptennis in volle stadions aanschouwen...

Tokio 2021 ging door, ondanks de vette vraagtekens

en de behoorlijke protesten in Japan, en slaagde nog ook. Het was nog even een beproeving met rare regels en gekwetste ego's, maar het viel eerlijk gezegd mee; dat gebrek aan publiek op de tribunes woog toch niet zo zwaar als we allen gedacht hadden. En ja, Nederland hoorde bij de toplanden van de olympische sportwereld… het grote aantal binnengehaalde medailles werkte bijna als een vaccinatie-booster. We telden mee.

De sportwereld was dus weliswaar in verwarring, maar richtte zich langzaam en voorzichtig op. En gelukkig maar. Sport bleek eens te meer een zeer belangrijke rol in ons leven te spelen, en bepaald niet alleen hier. De sportende mens pakte de sporttas uit de gang weer op, de passieve recreant klom de tribunes weer op, het nieuwe normaal zat eraan te komen en leek wel een beetje op het oude.

Lockdowns werden opgezegd, we verkochten al onze nog niet gebruikte mondkapjes aan een ontzettend dom CDA-jongetje dat zich Sywert noemde, Marianne Vos had de tegenwoordigheid van geest, staande op een overwinnaarspodium, haar mondkapje af te doen bij het aanhoren van het winnende volkslied en juist dat moment pik ik er hier uit: dat was het moment dat we nodig hadden, dat was een teken van een nieuw normaal. Waar we ooit geleerd hadden het hoofddeksel bij het aanhoren van een volkslied af te nemen, gaf een intelligente wielrenster ons een nieuwe richting aan.

En ja, het ontspoorde uiteraard ook en vooral binnen de voetbalwereld. Herinnert u zich de beelden nog van NEC-Vitesse? Om je kapot te schamen eigenlijk; maar we sloegen juist schaamteloos en rücksichtslos alles in elkaar dat we tegenkwamen; we moesten immers onze agressie, opgebouwd in die coronamaanden, kwijt en dus vernielden we elkaar, gooiden urine en bier over de hoofden van voetballers en maakten van een sportwedstrijd een farce.

Menswetenschappers riepen meteen 'Komt door corona' en ik dacht: komt door een gebrek aan opvoeding en bijsturing.

De sport zoog het nieuwe leven en de frisse lucht op als ware het een nieuw, onvindbaar dopingmiddel binnen een wielerpeloton. Het werkte. Ajax voetbalde goddelijk, Sven Kramer ging proberen zijn rug heel te houden, Jos Verstappen was grandioos goed, en wie had er ooit van de Britse tennisster Emma Raducanu gehoord of van haar opponente, de Canadese Leylah Fernandez?

Die twee meiden zorgden voor weer een ander nieuw normaal, zoals in New York bleek. De jonge vrouwen werden bij de US Open financieel even goed beloond als de mannen. Een paar weken later bleek waarom Europa het 'oude continent' wordt genoemd. De wielrensters die Parijs-Roubaix uitreden, kregen een schijntje van wat de mannen een dag later ontvingen.

Toch. Sport kende een doorstart. Met horten en stoten, nergens perfect uitgevoerd, maar we bewogen weer. Ergens in ons achterhoofd wisten we wel dat Covid-19 nog steeds niet weg was en op de loer bleef liggen om ons misschien opeens weer hard te overvallen, maar we vonden onze eigen vrijheid het allerbelangrijkste en binnen die vrijheid het kunnen sporten of kijken naar sport stond daar pal onder.

Maar ook gold: wie dan leeft, die dan zorgt. We vonden een nieuwe, mondiale sport uit: het aan je laars lappen van regels. De nonchalance waarmee gehandeld en uitgevoerd werd was groot en slordig.

Later, heel veel later, zullen wetenschappers daar wel een verklaring voor vinden.

Haarlem, 3 november 2021

Mart Smeets

Over coaches en coaches

Ex-turnster Stasja Köhler (nu 41 jaar jong) kijkt in *Trouw* terug op haar turnjeugd, en dan vooral op de volkomen idiote acties van turntrainer Gerrit Beltman (en hoogstwaarschijnlijk van nog een paar van zijn collega's) en ook op wat de huidige directeur van de turnbond KNGU, Marieke van der Plas, allemaal wel of niet gedaan had: wegkijken en doen of er niets aan de hand was en is, of in ieder geval die schijn wekken.

Het is een prachtig geschreven stuk van Esther Scholten dat de goede verstaander tot tranen brengt. Je zal, als 13-jarig sportmeisje, maar aan je haren over de grond getrokken worden door een halve zool met een grote bek. Die man zal maar tegen je zeggen: 'Ordinaire slet, wil je je soms laten platneuken' als je een streepje mascara boven je ogen hebt. Je zal maar moeten aanhoren van diezelfde trainer dat 'de beste ouders dode ouders zijn'.

Maar dat gebeurde, en dat verdween in die o zo fijnzinnige turnwereld gewoon in de prullenmand. Zelfs het boek dat Köhler er zeven jaar geleden samen met turnster Simone Heitinga over schreef, *De onvrije oefening*, werd door de bobo's hautain weggeschoven: wat dachten al die turnmeisjes wel, ze mochten blij zijn een echte turnopleiding te krijgen zoals ook de wereldtoppers kregen, met tucht, vernedering, afblaffen, intimideren...

Griezels van het soort Beltman zou je langdurig moeten opsluiten, weg van de (sport)maatschappij. Ik besef dat ik nu over de rode lijn stap, omdat ik me niet met strafmaat of wat dan ook moet bemoeien; daar zijn rechters voor. Maar dan moeten die turntrainers van jaren her tot en met tegenwoordig wel voor die rechters komen na hun faux pas.

Bij de turnbond staat een grote prullenmand en heerst een politiek van verzwijgen, vergeten, liegen en doorgaan. Ook al heeft goed journalistiek werk van velen dit jaar niets anders opgeleverd dan overtuigend bewijs dat al die griezels te ver gingen in hun bespottelijke gedachten hoe je met kinderen topsport moet plegen, er gebeurde relatief weinig.

Collega's Marco Knippen van *Haarlems Dagblad* en Fabian van der Poll van *NRC Handelsblad* hebben in 2020 al in diverse uitstekende artikelen over de warboel binnen het gymnastiekverbond geschreven en duidelijk gemaakt, dat 'de norm' bij sommige turntrainers naar hoogten steeg die wij gewone mensen en sportvolgers voor onmogelijk houden. Esther Scholten laat in de donkerste week van het jaar nog eens zien wat een klein meisje te verduren kreeg bij die bullebak van een turntrainer.

Lezing maakt je boos, triest en je handen jeuken om... Nee, niet doen, zeg ik tegen mezelf; meng je niet in schuld en boete, laat verstandige mensen daarover oordelen, maar stel die 'norm' van al die turntrainers wel aan de kaak. Vanuit de bond zal je (nog) geen woord horen; Huize de Gulden Doofpot staat immers nog fier overeind.

Ik ben benieuwd wat zo'n sportbestuurder als mevrouw Marieke van der Plas voelt als ze in *Trouw* het verhaal van Esther Scholten leest. Voelt ze schaamte, of spijt dat ze niet eerder heeft opgetreden? Lacht ze het weg? Draait ze zich om? Maakt ze het bespreekbaar op een volgende vergadering van turnmensen? Urgentie wellicht?

Geen idee.

Ergens in 2020 zag ik haar bij *Op1* niet zo heel sterk optreden en die herinnering blijft. Het was Sander Schimmelpenninck die toen de zeer rake vraag stelde: 'Is dit de norm?' Omdat er nog een ander onderwerp aan tafel behandeld moest worden, werd het turnonderwerp helaas wreed afgekapt; een grote gemiste kans.

Trainen en coachen van topsporters blijkt een moeilijk vak te zijn.

Dat gold ook voor Bill Sheridan, de Amerikaanse basketbalcoach die in de jaren zeventig van de vorige eeuw een aantal jaren zeer succesrijk was met de nationale mannenploeg en een aantal clubteams. Sheridan overleed afgelopen Kerst op 78-jarige leeftijd. Hij was op, zoals het dan heet.

Hij ging destijds op zijn manier met de toppers om; behandelde ze als gelijken en gaf ze het woord als ze dat wilden. Hij gooide de traditionele verhouding coach-sporter overboord, vanaf de eerste interland Denemarken-Nederland in 1973 die hij meemaakte.

Toegegeven: Sheridan was een koppige man, opgeleid bij de Marines in de USA, afgestudeerd op Fordham in New York en bij toeval terechtgekomen in Nederland.

Onderling begrip, openstaan voor sommige zaken

die in die dagen 'vreemd' waren in de topsport (als een van zijn spelers flink was gaan zuipen na een wedstrijd, zei hij daar alleen maar over 'Ik hoop dat je plezier hebt gehad en dat de hoofdpijn meevalt.') en vooral het kweken van een zekere kameraadschap binnen de nationale ploeg, dat waren zijn sterke kanten.

Hij trof in Nederland een gulden generatie (Akerboom, Woudstra, Dekker, Ombre, Van Vliet, Pluim, Van Helfteren, Sikking, Kip, Harrewijn, Sideris, Gorter) en haalde 'bijna' de Olympische Spelen van 1976 in Montréal.

In de allerlaatste wedstrijd van het moordend zware kwalificatietoernooi van Hamilton, Ontario, werd de nog met negen 'hele' spelers opererende Oranjeploeg verslagen door Tsjechoslowakije, na eerder grootmachten Spanje en Brazilië verslagen te hebben.

Hoe Sheridan dat deed? Had hij een norm? Ja, en die norm heette vertrouwen hebben in elkaar, trainen, lachen, lol maken, nog harder trainen en wedstrijden gaan winnen. Je moest geestelijk en lichamelijk in evenwicht zijn, daar ging het om.

In Hamilton moesten er negen wedstrijden in twaalf dagen gespeeld worden; een nauwelijks vol te houden exercitie waar nog nooit een Nederlands team aan toe was gekomen.

In het midden van die reeks, voor een ochtendtraining, liet Sheridan de teambus naar een ijstent bij een grote mall rijden, nodigde zijn spelers uit op het terras van Baskin Robbins 31 Flavours en liet zijn spelers lekker ijs eten, waarmee de ochtendsessie afgesloten werd; de spelers konden weer gaan rusten, er werd geen bal aangeraakt en niet gesprint of geschoten. Vervolgens werd Brazilië, een zekere olympische klant, uit het toernooi gespeeld, hetgeen in de basketbalwereld een sensatie betekende.

En hoe die selectie eerder op het vliegveld van Frankfurt vergaderde over met wie er gespeeld ging worden? Er was nog één speler die Sheridan graag in zijn ploeg wilde opnemen: nieuwkomer Dan Cramer, een Nederlandse Amerikaan met een geweldig afstandsschot. Cramer had geen enkele training meegemaakt en Sheridan vroeg aan de twaalf spelers die de ploeg nu vormden of ze het eerlijk vonden Cramer alsnog uit te nodigen voor de laatste weken training en dan te kijken of hij in de ploeg paste.

Zonder stemverheffing, zonder welles-nietes werd onderling besloten Cramer niet te vragen: de reis werd afgemaakt door de mannen die er samen aan begonnen waren en die nu van een toernooi in Bulgarije naar een trainingsstage op IJsland reisden. Sheridan zei de beslissing van zijn spelers te begrijpen en te respecteren en ernaar te handelen. Slechts eenmaal nog zei hij, in mijn bijzijn, dat Montréal waarschijnlijk wel gehaald zou zijn met Cramer in de ploeg. Hij kwam er nooit meer op terug, anders dan: 'Als je openheid verlangt en de spelers zich vrij kunnen uitspreken, moet je verdergaan volgens dat principe. Natuurlijk wisten ze allemaal wie er dan af zou vallen. Dat deden ze die jongen niet aan; een juist principe en kenmerkend voor de ploeggeest van toen.'

Hoe ik dat nog allemaal weet? Omdat ik na drie flinke blessures binnen de Nederlandse ploeg daar in Canada 'moest invallen' als oud-speler en oud-international om een even aantal mannen op training te hebben. Journalist (NOS radio en *de Volkskrant*) en trainingsspeler in één mens; het werd mijn beste ervaring op een basketbalveld ooit. Ja, ik was in die dagen nog redelijk in vorm gebleven, maar heb in Canada afgezien als een beer. Ik hield er zelfs een olympisch diploma aan over, speciaal aangevraagd door de spelers en de coach. Van Hamilton reisde ik overigens direct door naar de Tour de France, een geheel andere wereld met geheel andere mores.

Sheridan mag dan soms een vreemde snuiter zijn geweest met zijn 'aanpak', hij was wel een eerlijke man van zijn woord. Hij beschouwde zijn spelers als mensen en niet als voorwerpen.

Vijfringen injecties

Natuurlijk klonk het even redelijk: eventueel aankomende olympische sporters zouden voorrang moeten hebben bij het vaccineren tegen corona.

Sporthaters zullen vast heftig 'nee' geroepen hebben. Ik niet, maar ik twijfelde wel. Driehonderd sportmensen die voorrang hebben op driehonderd zorgmedewerkers of medisch personeel?

Is dat verdedigbaar?

Een olympisch sporter moet, als we ervan uitgaan dat er in Tokio over zeven maanden op hoog niveau gesport gaat worden, nu in een flow van topsport komen of al zijn.

Een topsporter moet van een strenge agenda uitgaan die nu al vaststaat: trainingen, wedstrijden, toernooien, trainingskampen, reizen, rustperiodes. Allemaal vaststaande momenten op weg naar Tokio.

Het is de tweede week van januari. Ik neem een simpel voorbeeld: de Nederlandse honkbalploeg moet zich nog kwalificeren voor de Spelen. Het is moeilijk om nu te focussen op wat je de volgende maanden gaat doen als je leeft in een wereld die letterlijk op slot zit en wanneer het nog een levensgroot vraagteken is of je gaat spelen. Dat vraagteken werd een uitroepteken toen het Pre Olympisch Toernooi verplaatst, verschoven, weer verplaatst en weer gereset werd en al die tijd al die sportlieden maar moesten wachten. Waar zouden ze gaan spelen, wanneer, tegen wie?

Taiwan was het oorspronkelijke idee, met zes of acht ploegen, en later werd er over Florida gesproken en het werd ten slotte een voorstad van Mexico City met slechts drie teams die de pandemie-storm wilden doorstaan. Oranje ging er spelen en haalde Tokio niet.

Ander voorbeeld: Dafne Schippers weet dat ze in Tokio mag lopen. Maar waar kan ze uitkomen in pré-olympische wedstrijden? Waar kan ze goed trainen, anders dan op Papendal? Hoelang moet ze zichzelf ophokken?

En hoe vergaat het de Oranje-hockeyers? Wanneer krijgen die jongens en meisjes een prikje? Met voorrang of niet? Half mei? Nog later. Gezonde, jonge mensen nietwaar?

Onder wiens auspiciën worden die prikjes gegeven? In eerste instantie dacht ik dat NOC*NSF het voortouw zou moeten nemen. 'Moet dat niet het IOC zijn?' werd bij mij thuis opgemerkt. Mee eens. Als de Olympische Spelen inderdaad zoeken naar gelijke speelvelden, gelijke kansen en gelijke wetten voor alle deelnemers, dan zou het IOC moeten en kunnen optreden.

15000 onder IOC-vlag uitgegeven prikjes, Spelen en Paralympics samen. Dan maakt het IOC duidelijk dat ze alle sporters gelijk behandelen en dat tussen de deelnemende landen geen scheve verhoudingen zullen ontstaan omdat er in veel van die landen geen vaccinaties voorradig zijn.

Maar tot slot... de Japanse bevolking richt zich thans massaal tegen doorgang van de Spelen. In Azië zijn weer grote brandhaarden van corona. De rest van de wereld bibbert en het wordt stil en niet alleen in de rouwkamers.

Kan het IOC nog lang volhouden dat in dit wrede mondiale decor de Spelen moeten doorgaan? Tegen alle kosten en tegen al onze bedenkingen in? Iets zegt me: het wordt een moeilijke weg en, als ze doorgaan, worden het heel stille Spelen.

Ik denk dat het een uiterst spannende tijd wordt waarin we te maken hebben met de harde realiteit, en waarin sentimenten en nationalistische gevoelens (hoeveel medailles gaan 'we' straks winnen) helemaal niet tellen. Wie heeft een acceptabel handboek *Topsport gedurende een pandemie* geschreven en welke halve zolen gaan daar dan weer tegen lopen protesteren?

De wissel

Nee, niet die van Sven Kramer, hoewel die wissel ons Nederlanders in het collectieve geheugen is gebrand en er moeilijk ooit nog uit zal gaan.

Nee, de wissel van Klaas-Jan Huntelaar dus.

Kijk, in een teamsport als basketbal is het een gegeven dat de coach van een ploeg die een grote voorsprong of achterstand heeft op zo'n vijf minuten voor het einde van de wedstrijd in sneltreinvaart gaat wisselen. Noem het publiekswissels voor de winnaars en strafwissels voor de verliezers. Bijna altijd zijn die laatste minuten die gespeeld worden met jongens die over het algemeen koud van de bank komen niet om aan te zien. Verwerpelijk zelfs.

Afgelopen week, tegen de FC Twente, kreeg Ajax-coach Ten Hag een ingeving. De officiële speelklok stond op 87 minuten, Ajax stond met 0-1 achter en ja hoor, daar kwam veteraan Klaas-Jan Huntelaar uit het trainingspak. Het zwalkende Ajax stond op het punt (weer) puntverlies te lijden totdat de trouwe Klaas-Jan er binnen een paar minuten twee goals inschopte en zo zijn ploeg de winst bezorgde. Hij stond op de goede plaats, hij wist wat hij moest doen, hij had maar heel weinig tijd en ruimte nodig om te tonen hoe belangrijk een 'wissel' in de sport kan zijn.

De vraag was wel: was die actie van Ten Hag een 'bewustje' en doorzag de technisch leider de complete ineenstorting van de Twente-achterhoede en steunde hij op de voetbalintelligentie van Klaas-Jan en zijn eigen inzicht? Of was het een vet mazzeltje of... een oneervolle geste tegenover een eervolle speler?

Iedereen heeft weleens echt mazzel in 't leven, zegt Ten Hag natuurlijk.

Maar dit? Ik twijfel en ben er niet echt uit. Het is goed mogelijk dat Ten Hag dit een doordachte daad zal noemen tot de dag dat hij zijn laatste adem uitblaast. Maar voor mij had deze wissel alles weg van een rommelig idee in het hoofd van de coach, en anders niet. Ik vind het altijd van warhoofdigheid getuigen als trainers hun spelers vlak voor het einde van een wedstrijd wisselen.

Waarom ik Klaas-Jan voor altijd en eeuwig de hand boven het hoofd zal houden en een stille fan van hem ben?

Ik ga terug naar een scene in een hotelbar in Nice, 26 juli 2017. Ajax speelde er die dag een oefenwedstrijd en bij toeval was ik in de buurt om mijn zoon Tjerk 'dag te zeggen', die destijds bij Ajax werkte als regelaar voor het eerste team (sommigen noemden die positie 'manager').

De Ajax-spelers slenterden lui, verveeld en half moe door de ruimte. Toen kwam Klaas-Jan langs, hield in, trad nader en gaf mijn vrouw en mij een hand en stelde zich voor. 'Leuk dat jullie even komen kijken hoe het met Tjerk gaat,' zei hij. Hij meende dat, tenminste zo klonk het.

We spraken kort en hij liep verder.

Dat zijn momenten die je lang moet koesteren. Normaal menselijk gedrag.

Waar Klaas-Jan gaat spelen nu hij aangegeven heeft Ajax wellicht te gaan verlaten... het maakt mij niets uit. Hij is oké. De Graafschap mag en Schalke '04 kan ook. Het is zijn keuze. Ik denk niet dat hij in Amsterdam blijft. Dat zegt mijn gevoel, meer niet.

The noble art of soccer...

Kinderarts en OMT-lid Károly Illy, ergens aan een babbeltafel, vond het onbegrijpelijk dat de basisscholen dicht bleven. Wij thuis vonden dat ook.

Hij vond het ook gek dat er 'doorgevoetbald' werd. De in dezelfde studio aanwezige Jack van Gelder pareerde juist en beschaafd: voetbal zorgde juist in deze weken dat we op een of andere manier 'vertier' kregen in onze wereld, die langzaam tot stilstand is gekomen. Illy haalde in de late rebound zijn keuteltje terug.

Wees blij, dacht ik al een maand of wat geleden, dat er nog gevoetbald wordt, ook al is de uitoefening zeer matig. Wees blij dat je op een doordeweekse avond naar FC Utrecht, Emmen en Willem II kan kijken op ESPN. Het is niet om aan te zien, maar daar gaat het nu niet om.

Bij het ophokken van de gehele bevolking moet je datzelfde volk ook iets geven als compensatie, nietwaar? Of de bepaald niet als sportkenner bekendstaande M. Rutte te Den Haag datzelfde dacht toen de profcompetitie voetbal van de regering door mocht gaan (eerst de mannen en een dag later pas de vrouwen) weet ik niet, maar voor velen is dat besluit een zegen, zeker nu het allemaal op tv uitgezonden wordt. Kijk naar de kijkcijfers en je weet genoeg.

Voetbal scoort en als René van der Gijp in het bekende decor van *Veronica Inside* een voetballer typeert met de simpele bewoordingen: 'Die kan er toch geen kut van,' dan is dat helder en kenmerkend voor de sfeer aan tafel en zeer hoogstwaarschijnlijk ook waar.

Die voetbalpraatshow, die door kuisheidsridders (en sinds kort ook door Lilianne Ploumen) lichtelijk verafschuwd wordt, komt vaak met kundige en rake analyses en vooral duidelijke stellingnames.

Eens in de zoveel tijd luister ik ook heel graag naar oud-speler Willem Kieft die, uitgeweken naar graziger weiden, over een zichzelf overschattende voetballer van PSV kan zeggen: 'Maar zo goed is hij toch ook weer niet,' waarna een zachte, typische, licht-vileine Kieft-lach verschijnt ter onderstreping van zijn woorden. Door Kieft bekritiseerd te worden, komt niet zo hard aan voor de betrokkenen. Maar als je de woorden weegt... dat is iemand met een watje doodgooien.

En ja, ik ben het heel vaak eens met Johan Derksen, ook als hij, uit de losse pols, in eenvoudige en soms platte en vulgaire taal trainers, scheidsrechters, collega's, spelers, coaches, bestuursleden en andere bobo's onder de mat veegt. Maar als hij ex-honkballers, ex-tennissers, ex-volleybaltrainers en ex-hockeyers die een plaatsje zoeken in de voetbalwereld, tot onder de knieën afzaagt en ze bespottelijk maakt, vergeet hij m.i. te onderzoeken wat die 'andere' sporters in hun mars hebben voor de voetbalwereld. Ze nemen vaak een zekere vorm van intelligentie, opleiding en beschaving mee. Of dat werkt in de platte voetbalwereld is overigens een vraag waar ik geen antwoord op heb. Om nou te zeggen dat die 'andere' sporters te beschaafd of te goed geschoold zijn voor de archaïsche voetbalwereld, is me ook zo wat.

Een sport die zeker in Europa bijna als enige zijn competitie mag voortzetten (ook al is het zonder publiek) mag het opperwezen op de blote knieën danken. Je mag dus ook wel een beetje kwaliteit van die voetballers verwachten, maar daar schort het opvallend genoeg ineens aan. Ik heb mezelf getest en heb een aantal wedstrijden achter elkaar bekeken. Gewoon lukraak: uit Engeland, zelfs Duitsland, de Nederlandse eredivisie, soms zelfs de Keuken Kampioen-divisie.

Hemelse goedheid, wat werd er vaak matig gespeeld. Of zoals het medium Van der Gijp twee weken geleden lachend opmerkte: 'Het is toch niet zo heel moeilijk om de bal naar iemand in hetzelfde shirtje te schoppen?'

Nou, dat blijkt het vaak wel te zijn.

Na Ajax-PSV (2-2) vroeg ik aan kenner Marco van Basten of ik naar goed voetbal had gekeken. Hij zei volmondig 'Ja' en knikte als ondersteuning. Dan neem ik aan dat het zo was.

Ik zag ook een deel van de wedstrijd tussen Ajax en AZ (voor de beker) en verbaasde me erover dat zoveel passes niet aankwamen (mede door de wind, moest ik begrijpen) terwijl deze spelers toch goed getraind zijn, bij de Nederlandse top horen en in ieder geval als jonge, uitstekend betaalde vedetten door het leven gaan.

De gevierde doelman van de Alkmaarders, ook een Oranjeklant bleek me, trapte zonder blozen de bal gewoon meters over de zijlijn, terwijl hij toch waarschijnlijk een medespeler trachtte te bereiken. Niemand keek ervan op.

Ik zag de bewierookte en jonge AZ-spelers nauwelijks bij machte gedurende minuten achter elkaar op de aanvalshelft te komen, ik zag een collectief onvermogen om structuur in het spel te brengen en op basis van vaardigheid een tegenstander te passeren. Het spel leek werkelijk nergens naar en dit heetten dus twee topteams te zijn.

Ik zag, kortom, een nogal stevig tegenvallende partij. Een dag later zag ik dat meer dan zeshonderdduizend mensen op enig moment naar dit knoeiwerkje hadden gekeken. Opgehokt in hun woonkamer en aan de buis gekluisterd, en vertier zoekend bij een voetbalbekerwedstrijdje waarin de Ajax-ploeg acht invallers had opgesteld.

Nou kan dat natuurlijk voorkomen, soms valt het mee en soms valt het tegen, maar het komt me voor dat er inderdaad (dixit Van der Gijp-Kieft-Derksen) wel heel matig gevoetbald wordt door het collectief aan 'Nederlandse clubs'. Met daarbovenop nog een piekprestatie van allerlei grabbelaars, van heinde en verre gehaald, die 'keeper' heten te zijn, maar die eerder in aanmerking komen voor een term die mijn oud-voetbaltrainer, mijnheer Wijnands, vroeger altijd gebruikte: 'Dat is geen keeper, dat is een ballen-tegenhouder...' Van dat laatste slag heeft de Nederlandse eredivisie er helaas veel te veel.

Maar oké, wees blij, in deze zwartgallige dagen van angst en stilte, dat je al die voetbalwedstrijden tenminste kunt zien. Live of in samenvatting, als het moet de hele nacht door in ettelijke herhalingen... voetbal is, of het nou niet zo heel goed uitgevoerd wordt of niet, een tijdelijke redding voor velen tegen de zure, zwaarwegende verveling.

Toen in december 2020 bekendgemaakt werd dat de 'noble art of soccer' de zegen kreeg van vele kabinetten van

Europese landen om doorgang te vinden, stonden alle andere sporten (door Johan Derksen krachtig en onterecht B of C-sporten genoemd) beteuterd te kijken.

Ook daar kon ik me iets bij indenken. Hoe je het in je maffe hoofd haalt (als beslissingennemer) de nationale hockeycompetities vrouwen en mannen in ons land gewoon stil te zetten, is me een raadsel. Dat zijn nou, per definitie, twee afdelingen waar échte topsport wordt gespeeld en ook door mensen die nog steeds hopen in olympisch Tokio uit te komen. Er wordt in de openlucht gespeeld... dus?

U zegt: niemand wil die wedstrijden op de televisie zien!

Dat zou heel best kunnen...

Dat indoorsporten in de koelkast werden gezet was wél begrijpelijk (ventileren van die zalen, nietwaar) en nu basketballers, handballers en volleyballers wel weer mogen spelen, hoe gaat dat dan met de avondklok?

Ik neem namelijk aan dat voetbalploegen na half negen 's avonds een 'laissez passer' van ome Mark toegeschoven krijgen, maar hoe zit het met die andere topsporters? Kunnen ze trainen? Spelen? Zij niet en voetballers wel? Waarom?

Nee, de voetbalwereld mag de beide vuistjes dichtknijpen; genoeg aandacht, genoeg 'air-time', maar vreemd genoeg dus wel te weinig kwaliteit.

Nog eenmaal René van der Gijp: hij schept er enorm veel plezier in de werkelijk allergrootste flaters van dure profvoetballers even simpel op een rijtje te zetten. Het is *Comedy Capers* en beter. Je weet niet wat je ziet en met zijn mimiek erbij en de toevoeging 'die kunnen er he-le-maal niets van...' ben je tot de kern van de zaak gekomen.

Als er dan ook nog een samenvatting van een persconferentie van Ajax-coach Erik ten Hag vertoond wordt, is de lol compleet.

Anderzijds: waar staat dat als je een goede voetbalcoach bent, je ook meteen een goede redenaar moet zijn?

Ik schakel dan nu vaak door naar de NFL of de NBA of NCAA en dat kost me dan aanzienlijke slaapuren, maar ik krijg er wel meer warme gevoelens voor terug. Toegegeven, daar worden ook blunders begaan en er wordt daar ook gemist, maar het wordt nooit lachwekkend.

Waarom juist de voetbalwereld toegestaan heeft zo diep te zakken, is me een raadsel. Nu we, met velen, voetbal op de televisie als dukdalf in ons bestaan kiezen, valt pas op hoe matig deze sport in ons land uitgevoerd wordt. Jammer.

Het wordt dan vrijdagochtend en op nu.nl staan de volgende 'headlines': VVV haalt nieuwe Griek, Heracles vindt met Turks international gewenste spits en 'Verhuur Feyenoorder Narsingh aan FC Twente bijna rond'.

Feyenoord heeft een Senegalees talent gekocht en Emmen heeft drie nieuwe spelers, een van hen een talent uit Peru. ADO heeft een 27-jarige Oostenrijker aangeschaft plus een transfervrije doelman. Of een ballentegenhouder?

Dat is de stand van zaken in het Nederlandse voetbal. Dusty Springfield zong het vroeger al:

Wishin' and hopin' and thinkin' and prayin'
Plannin' and dreamin' each night...

Dat is voetbal.

Wisselen

Reflecteert topsport de maatschappij waaruit het voortkomt? Huh... ja; de sterkste wint, de best getrainde wint, de best betaalde moet wel beter zijn dan de amateur, diegene die zichzelf wegcijfert stijgt in de pikorde, goede coaches praten weinig maar doen precies datgene wat ze moeten doen, teambuilding is meer dan lachend op een teamfoto staan, topsport eist eerst nadenken en dan pas doen.

Deze week kwamen twee verhalen los van mannen uit de topsport die hun eigen bestaan met vraagtekens omringden. Een prima verhaal in *de Volkskrant* door Bart Vlietstra over de FC Twente-belofte Jeroen van der Lely, die ging twijfelen of hij wel in het harde profvoetbal paste en uiteindelijk afhaakte. Hij woont nu tussen retro-meubelen in een Utrechtse studentenflat. Literatuurwetenschap in plaats van straftrainingen op maandagochtend.

Het andere verhaal ging over Tom Dumoulin, de troetelbeer van de Nederlandse sport, die naakt voor zijn spiegel ging staan en tegen zichzelf zei: wat wil ik en wat kan ik? Hij maakte bekend voor onbepaalde tijd een fietspauze in te lassen. Was het maar zo dat iedereen op enig moment in haar of zijn leven die toch vrij essentiële vraag zou uitspreken en er dan naar zou gaan handelen.

De beide verhalen kwamen bij mij flink aan. Twee relatief jonge mensen die van sport hun beroep hadden gemaakt, maar die aan dat beroep gingen twijfelen. Ze gingen op zelfonderzoek uit en namen hun beslissingen.

Vaak zie je in de sport en zeker in de topsport acties van enkelingen of groepen opduiken die uit de 'echte maatschappij' voortkomen of al als zodanig worden toegepast. Acties die tot succes kunnen leiden, mits goed uitgevoerd.

In het geval van Van der Lely en Dumoulin kun je ook denken: zou zoiets ook in de 'echte maatschappij' zinvol zijn? Een omkering dus: de sport als voorbeeld.

Het antwoord is een volmondig: 'Ja, zeker!'

Afgelopen donderdagavond. Terwijl Ajax langs Willem II struikelde, keek ik naar twee televisie-uitzendingen die niet alleen indruk maakten, maar die zeker ook tot nadenken stemden. *Nieuwsuur* legde de zere vinger op de vaccinatieproblematiek die door ons land raast en waar je, als brave burger, doodstil of heel boos van wordt. AstraZeneca levert veel minder vaccins dan beloofd, dus de vaccinatiestrategie moet wéér worden omgegooid. Maar daarnaast liggen de door Pfeizer geleverde vaccins, meer dan 200.000 per week, veel te lang op de plank. Er zijn dit jaar nog geen 200.000 vaccins gebruikt.

Hoe kon er gebeuren wat er gebeurde? vroeg je je als kijker af. Hoe niet-capabel waren de mensen die hier de besluiten namen (of niet?), hoe triest was het om dit belangrijke treurspel van onmachtige hooggeplaatste mensen ontleed te zien. Zonder een vleugje cynisme, maar met feiten die ertoe deden, stond de uitzending als een huis.

De betrokkenen mogen deze uitzending nog wel drie keer terugzien om wellicht even voor een spiegel te gaan staan en de vraag te stellen: heb ik het goed gedaan? Wil ik dit? Komen deze gevolgen voort door mijn onkunde?

Even later, bij *Jinek*, zat de bevlogen journalist Daniël Verlaan van RTL aan. En hoe! Hij ontrafelde op knappe manier het onwaarschijnlijke amateurisme bij de GGD in Nederland. Het gedoe van knoeiers en het onvermogen van hoogbetaalde leidinggevers hun zaken gewoon voor elkaar te hebben, was stuitend om te horen. Hoe het systeem zo kon falen, vroegen de gasten aan tafel zich af.

Een dag later las ik dat Ellis Jeurissen, landelijk portefeuillehouder bron- en contactonderzoek, aankondigde zo snel mogelijk te gaan stoppen met de gebruikte software. Hadden we die kreet niet eerder gehoord? Zo snel mogelijk.

Als Tom Dumoulin erachter kwam in een etappe dat er een kopgroep vijf minuten van hem was weggereden, verloor hij de etappe, verloor hij zijn klassement en ging hij voor de spiegel staan.

Als Jeroen van der Lely zijn tegenstander liet lopen en die vervolgens scoorde omdat Jeroen niet nadacht, verloor zijn ploeg en dat gevoel knaagde aan de voetballer.

Ja, veel systemen blijken, in deze afschuwelijke rottijd, niet of in ieder geval niet goed te werken. Er heerst wanorde en onrust, er zijn rellen en vaak worden we omringd door grijze twijfels; er wordt door de mensen die nu, waar dan ook, lijnen uit dienen te zetten in ons sociale en maatschappelijk leven bij voortduring gepoedeld.

We wijzen nu met een boze vinger naar de regering, naar de politiek in zijn algemeenheid en naar de ambtenaren die in hun stroperige bestaan van de ene naar de andere patstelling sudderen en, ingegeven door het systeem, voortdurend te laat of geheel foutief reageren.

Waar ik me rot om moet lachen? Dan komt er weer een minister of een staatssecretaris of een hoge ambtenaar uitleggen dat de eerste gedupeerden in het toeslagenbeleid 'snel behandeld zullen worden... ze krijgen hun geld nu voor 1 mei... en ze hoeven niets af te dragen aan de schatkist.'

Dat is om te gillen. Nog vóór 1 mei! Hemelse goedheid, hoe lang speelt dit drama al en waarom kan de organisatie die dit op moet lossen maar geen vaart maken in hun doen en laten. Het is nu eind januari, en van vandaag tot 1 mei is het 90 dagen. Is het mogelijk, vraag ik aan al die mensen die met dit weerzinwekkende dossier bezig zijn, in negentig dagen dit voor elkaar te krijgen? Kunnen ze dat niet? Ze roepen bij voorbaat dat ze hun uiterste best doen, maar dat het een vreselijk gecompliceerd dossier is. Mijn zolen! Die lieden die dat roepen zijn luie, ingeslapen volgers van Het Systeem en dat is pas erg.

Als Tom Dumoulin zich trainde om in de Giro d'Italia op volle kracht te kunnen rijden, begon hij meteen, zette een plan neer, getrapt en al, en als hij dat niet deed, verloor hij en kon hij slechts meewarig in de spiegel gaan kijken: hij had dan gefaald, hij had niet adequaat gereageerd.

Hoe doen al die betrokkenen bij deze 'affaire' dat? Het sleept en sleept en om nou weer die fraai geklede en mooi gecoiffeerde staatssecretaris Alexandra van Huffelen te horen uitspreken dat er met man en macht gewerkt wordt om de betalingen te regelen... dat kan toch niet meer?! Probeer als nette burger eens te laat je belastingformulier in te leveren... Boete!

Deze week stapte Adrie Koster op als trainer-coach bij Willem II. Een week eerder was er, dixit de Tilburgse voetbalregenten, nog geen enkele sprake van een breuk.

Nu zit Koster thuis. Zijn ploeg functioneerde niet zoals het moest en dus kon de trainer vertrekken. Gaat hij in de spiegel kijken? Doet het bestuur van de club dat? Of wellicht de betrokken spelers? En wat is de uitkomst?

Als je in de topsport niet goed genoeg bent, komt er een moment dat je vervangen zal worden; dat is een natuurlijke reactie die steeds weer en overal terugkomt.

Ik spreek uit ervaring. Lang geleden had ik een geriefelijke spelersplaats bij de topploeg in de basketbalwereld van Nederland. Toen kwam er een Amerikaanse speler, Bill More, en ik kon op de bank gaan zitten. Gelukkig had ik direct de goede spiegel te pakken en begreep dat. Hij was in alles beter, sneller, gehaaider, gemener en we zijn, als oude mannen nu, nog altijd goede vrienden. Dat laatste terzijde.

Als je in de topsport niet goed genoeg bent, als je de ploeg niet kan leiden als coach, als je fouten maakt, als je als speler of speelster tekortkomt, als je de gestelde limieten niet haalt, dan verlies je en moet je in de spiegel gaan kijken. Wat wil je en wat kan je en hoe pak je je leven dan verder aan?

Nog één blik in de achteruitkijkspiegel dan. Weer bij *Jinek*. De rustige en toch aangedane directeur van Artis, de man met die fraaie naam, Rembrandt Sutorius, vertelde zijn verhaal. Ja, we willen allen onze leeuwen in ons Artis behouden. Hij schetste het beeld van besprekingen om de befaamde dierentuin weer financieel gezond te krijgen en sprak tussen neus en lippen door de zin 'maar die gesprekken zijn vastgelopen in de ambtelijke brij'.

Hij had het over een proces dat al jarenlang aansleept. Ja, dat staat er: al jarenlang aansleept.

Doe in godsnaam de Ikea's weer heel even open, zodat leidinggevenden in de ambtenarij, de GGD, de politiek, onze regering, sociale instellingen en een heleboel andere landgenoten die falen in de uitoefening van hun vak een spiegel kunnen kopen.

Als ze het wachtwoord 'Van der Lely-Dumoulin' aan de kassa zeggen, krijgen ze 21 procent korting.

Regels zijn regels

Juist in deze tijd, met alles maar dan ook *alles* om ons heen in verwarring, doet het gezegde 'regels zijn regels' opgeld. Of juist niet?

Ik hoorde ergens: ambtenaren werken volgens regels en juist daarom gaat hun werk stroperig en loopt het bij tijden vast. Daardoor roept het zoveel kritiek op.

Dat zou heel goed kunnen. Is de verantwoordelijke van het ontvangen van inschrijfformulieren van Ajax-voetballers ook een ambtenaar? Was het aangeven van de ter beschikking staande spelers een 'routineklusje... zo gepiept'? Je zou het denken, maar toch.

Juist nu we struikelen over de slordigheden en nauwelijks te begrijpen regeltjesvorming bij de toeslagenaffaire, juist nu de vaccinatiewereld en de GGD ons het idee geven dat het een en ander daar niet he-le-maal goed geregeld is gezien de prikvloeistof die daar rustig ligt te liggen, komt de faux pas van Ajax bij het inschrijven van Sébastien Haller een tikje geforceerd over.

Coach Ten Hag legde uit dat het een kwestie was van een 'vinkje' dat niet achter de naam Haller geplaatst was op het formulier van de UEFA. Met een vinkje mocht de Fransman spelen, zonder vinkje bestond hij niet. Jammer en au revoir!

Daar moet je eens goed over nadenken.

Mensen bij de UEFA, bij de FIFA en bij de KNVB weten allemaal dat de Fransman de overstap naar Ajax heeft gemaakt. Daar hoef je geen raketwetenschappen voor gestudeerd te hebben, dat weten mensen die zich met voetballen bezighouden.

Sébastien Haller speelt al ruim een maand voor de Amsterdamse ploeg, zijn naam staat bij de scorers, bij opstellingen en zijn beeltenis is te zien in alle wedstrijden van de Amsterdamse ploeg. Juist als het product Topvoetbal je werk is, dan weet je dat Haller in Amsterdam speelt en dat hij dus ook in aanmerking komt voor het spelen van de komende internationale wedstrijden. Zijn naam staat op de lijst, er ontbreekt echter een vinkje. Slordig, maar dat kan gebeuren.

Maar als er dan vervolgens commotie over ontstaat, dan kan je toch ook, als AFC Ajax, direct met de verantwoordelijke dienders binnen de UEFA in persoonlijk contact treden (dus geen email of App) en deze situatie uitleggen? Kleine menselijke fout, vinkje vergeten te zetten, sorry, we zullen de volgende keer driedubbel controleren. En meneer UEFA kan dan, in een maatschappij waarbij mensen begrip hebben voor het maken van kleine fouten, zeggen: oké, bedankt voor jullie mea culpa, het vinkje staat er nu, probleem opgelost, prettige dag nog, tot ziens.

Dat zou dus kunnen. Maar het gebeurt niet. Sociaal verkeer, zelfs via het invullen van spelerslijsten, gaat volgens regels en wetten en eventueel gemaakte fouten of foutjes zijn niet weg te gummen of in een handomdraai te herstellen.

Bij de UEFA zitten voetbaldieren die weten dat Haller in Amsterdam bij Ajax speelt, maar zij reageren zoals ze geleerd is te reageren; als iets niet volgens de voorgeschreven regels is gebeurd, als er geen vinkje staat, is dat reden om de procedure abrupt af te breken. Haller mag niet spelen, want hij bestaat volgens het invulformulier niet.

Ja, roepen regeltjesneukers dan hardop, dat is bij PSV en bij een Zweedse ploeg ook gebeurd... die mannen mochten ook niet spelen en we moeten consequent zijn.

Ik hoorde een collega van Nu.nl stellen dat als het Messi of Ronaldo was geweest die geen vinkje achter hun naam hadden gehad en als de sponsoren Nike en Adidas zich dan met de affaire hadden bemoeid... ja, dan was het ongetwijfeld andere koek geweest. Dan hadden die twee heus wel mogen spelen, vinkje of niet. Als de grote sponsoren, de financiële fundamenten van de sportorganisaties, op zouden treden, dan waren er ongetwijfeld uitzonderingen op de regels mogelijk geweest. Want zo zit de wereld nu eenmaal in elkaar.

Regels zijn weliswaar regels, maar ook de UEFA zal niet altijd consequent zijn.

Was het niet uitgerekend een voetbalbestuurder, de Feijenoorder Cor Kieboom, die ooit zei: 'Waar staat dat ik consequent moet zijn en handelen?'

Sommige mensen antwoorden dan: Dat staat nergens, maar consequent zijn hoort bij de basisregels van de menselijke omgang. Anderen vinden het juist geen basisregel, maar eerder een hulpmiddel voor twijfelaars.

Ja, het is consequent als je stelt dat er geen vinkje achter de naam van Haller staat en hij daarom niet mag spelen. Volgens die denkwijze hadden de mensen bij de UEFA gelijk. Maar daar staat tegenover: het had ook op een wat mensvriendelijker manier opgelost kunnen worden. De perfecte mens bestaat immers niet, en waar gewerkt wordt vallen spaanders.

Dat brengt me terug bij een confrontatie die ik eens meemaakte aan een buitenlandse grens. We kwamen met een basketbalploeg om een Europacupwedstrijd te spelen. Bij de douane kreeg eenieder van ons een formulier waarop je persoonlijke gegevens diende in te vullen: naam, geboortedatum, woonplaats, paspoortnummer... u kent die papieren.

Een van ons vulde eerst zijn achternaam in en daarna zijn voornaam. Hij zag zijn fout, haalde de namen door en schreef ze vervolgens goed op.

Toen hij bij de douaneambtenaar stond, begon die te fronsen. De man beende weg, onze speler moest mee en de rij achter ons stokte en werd groter. Er kwam een hogere ambtenaar bij, die ons naar de kant van de aankomsthal verwees. Daar moesten we wachten op onze maat, die verderop in een kantoortje zat. Hij maakte ons met zijn armen en zijn gezichtsuitdrukking duidelijk dat die lieden getikt waren.

Een half uur later kwam hij 'vrij'. Hij vertelde waarom hij meegenomen was: hij had zitten verbeteren op zijn inreisformulier en dat mocht niet.

Perplex hoorden we dit alles aan en sjokten naar de klaarstaande bus. Dit gebeurde goed veertig jaar geleden, toen de wereld er nog heel anders uitzag en je niet met een druk op de knop een vinkje op een computerformulier kon zetten.

Maar het verhaal is nog niet klaar. De speler in kwestie was een zwarte Amerikaan, een van de beste spelers ooit in Nederland. Toen we terugkwamen op Schiphol en daar met ons paspoort in de rij stonden, stokte de voortgang van mensen die hun paspoort lieten zien bij dezelfde speler en zijn teamgenoot, ook een donkere Amerikaan.

Alle blanken in ons team, inclusief de blanke Amerikanen, konden meteen doorlopen. Een armzwaai en klaar. Het laat zich raden waarom die twee donkere Amerikanen ten minste vijf minuten opgehouden werden. Het was destijds bij ons een steeds terugkerend gespreksonderwerp. Dit was geen toeval meer, bij mensen in die hokjes. Het was onuitgesproken rassendiscriminatie: zwarte mensen werden extra gecontroleerd.

De blanken, die door mochten lopen via een hoofdknik, hadden waarschijnlijk een ongeschreven vinkje achter hun naam. En er waren nog uitzonderingen. Toen we op Schiphol eens uit solidariteit met z'n allen in dezelfde rij van de twee donkere Amerikanen waren gaan staan en aan een douaneman vroegen wat hij zou doen als Stevie Wonder voor hem zou staan, gaf de man onomwonden toe: 'Die mag meteen door, dat is een wereldberoemde ster...'

Ik beweer overigens niet dat het vinkje van nu rasgerelateerd is. Nu duidt het vasthouden aan de regels op geestelijke starheid en onwrikbaarheid. En door kille regels boven gevoel te verheffen creëer je een wereld waarin een mens geen fouten meer mag maken. Maar die wereld bestaat niet.

Nederland schaatsland

Algemeen is toch aangenomen, zeker de laatste vijftig jaar, dat de Nederlandse kernploegen en later de commerciële ploegen, het toppunt van finesse zijn in de mondiale schaatssport. Mondiaal is dan trouwens een zeer rekbaar begrip.

Een kleine stap terug in de geschiedenis: vóór de Tweede Wereldoorlog waren het stoere mannen uit Scandinavische landen die 'helden' waren in Oslo, Gotenburg en Helsinki. Grote toernooien toen werden zo noordelijk mogelijk verreden om zeker te zijn van goed ijs. Wat nou 'kunstijsbaan'? Bevroren water, dat was ijs. Bevroren door Moeder Natuur.

Na die ons toch vaak onbekende Vikingen kwamen de Russen. In strakke legers van kilometervreters en sprinters en gespierde vrouwen die als ze reden ook wonnen.

Van Nederlands succes was nog lang geen sprake, hoewel wij ooit twee vedetten hadden die Siem Heiden en Willem Kos heetten (o.a. Olympische Winterspelen St. Moritz, 1928). Echt waar, zoek hun namen op en je komt in een wereld terecht waar 'wij' slechts meededen op respectabele afstand van de grootheden. Pas tijdens onze Watersnoodramp in 1953 werd er door Oranje goed gepresteerd; de vergeten kampioenschappen van Kees Broekman en Wim van der Voort (EK Allround, Hamar)... Neerlands goud en zilver, maar niemand die er in dat angstige weekend iets van meekreeg.

Over die Russen nog even. Mijn vader vertelde altijd dat er in de tijd vóór de Koude Oorlog wel 85.000 mensen in Moskou naar het schaatsen kwamen kijken. Mannen met historische namen als Gontsjarenko, Merkoelov, Grisjin, Kositsjkin, Antson, Matoesjevitz en Sjilkov werden toen 'staatsamateurs' genoemd en daar haalden de puriteinse fans in West-Europa hun neus voor op. De WK van 1962 in het uitverkochte Leninstadion werd met 48 (!) rijders verreden. Henk van der Grift werd tweede.

Toen kwam de Nederlandse schaatswereld pas echt bovendrijven. Ard & Keessie, Hilbert-je-moet-nog-eenrondje, Bart Veldkamp, Leo 'de piloot' Visser, Rintje Ritsma, Ids Postma, Gianni Romme en Sven Kramer plaveiden de weg voor Patrick Roest.

Er waren jaren bij dat de Nederlandse overheersing in het allround schaatsen te groot was en dat de lust bij de andere schaatslanden om een versnelling hoger te schakelen en meer en beter gericht te gaan trainen, schijnbaar ontbrak.

Ja, er waren van die prettige tussendoortjes geweest met Eric Heiden, die kwam, zag, overwon en direct stopte, en met Johann Olav Koss, die wel allround genoeg was om in 1994 in Hamar even flink op te treden. Riep Bart Veldkamp daar op de Olympische Spelen niet boos en hoorbaar: 'Het kán gewoon niet!' toen Koss in 13.30.55 een nieuw wereldrecord op de tien kilometer reed?

Vier jaar later schaafde Gianni Romme vijftien seconden van die monstrueus goede tijd af alsof het niets was. Nederland zweeg. Oké, de klapschaats dus... voortschrijdende techniek.

Tegenwoordig rijden de Canadezen Ted-Jan Bloemen

en Graeme Fish een minuut sneller dan Koss toen. Een minuut is twee rondjes...

Bloemen kennen we, want die was eigenlijk van ons en is nu een legale import-Canadees geworden, maar Fish? Deze slanke Canadees uit Moose Jaw, geboren in 1997, kwam uit het niets en reed, schijnbaar fluitend, naar 12.33.86, een wereldrecord. Ja, die Canadese no-name kwam daar ineens in Salt Lake City de Nederlandse 10-kilometertuin omploegen.

Wat al die goed gesponsorde Hollanders-op-het-ijs vergaten of niet zagen, was dat er zo nu en dan wel weer eens een 'dark horse' kon opstaan en een schaatstoernooi op zijn kop kon zetten.

Roest, de opvolger van Sven Kramer, werd verslagen door een Zweedse schaatser die Nils Van der Poel heet (geen familie van) en dat was wellicht niet echt een verrassing, maar toch.

Die Van der Poel is een kilometervreter die houdt van extreme sportprestaties, maar verder heeft hij niets: geen kernploeg of andere toppers om zich heen, geen eigen medisch en semi-medisch personeel, geen salaris, geen uitgebreide coaching-staf, geen echte sponsor, geen rijke bond achter zich, geen wekker. Hij is gewoon een ietwat extravagante sportman uit Zweden. Op het WK afstanden op 11 februari 2021 in Heerenveen sneed hij op de 5000 meter het Hollandse troetelkind Roest even vierkant de weg naar goud af.

Drie dagen later deed hij hetzelfde met Jorrit Bergsma op de 10 kilometer, nu met een wereldrecord. En hij was er ook nog twee jaar uit geweest...

Zo eens in de zoveel jaren komen er van die mannen en vrouwen langs. Buitenbeentjes die eerst jaloers naar al die netjes in de watten gelegde kinderen van Oranje keken en ze daarna ineens gingen verslaan. Een Tsjechische spriet met nauwelijks vlees op de botten, Martina Sablikova, rijdt al meer dan tien jaar als grootste tegenstandster van de Nederlandse allroundsters rond. Ze weegt 53 kilo, maar als je al haar gewonnen trofeeën op een weegschaal zet, zijn dat meer kilo's dan haar gewicht. Hoeveel vrouwen schaatsen er op niveau in haar land? Een kleine knuist vol, meer niet. Hebben ze daar Aegon of Jumbo op de pakken staan? Hebben ze daar budgetten? Nee, het is er schrapen geblazen. Heeft zij dan niets? Zij presteert binnen de omstandigheden die haar geboden worden, en die zijn niet slecht, maar toch bepaald niet op het niveau van de Hollanders.

Dat geldt ook voor Fish, dat geldt voor Van der Poel, dat geldt voor alle topschaatsers van buiten Nederland. Grappig: de vaders van Eric Heiden en Johann Olav Koss waren arts en zorgden ervoor dat hun zonen lekker konden gaan schaatsen en bemoeiden zich verder niet met die sport van hun kinderen...

We hebben al meegemaakt dat er ineens een Zuid-Koreaan goed presteerde op de 10 kilometer, Lee, en met veel geluk ('de Sven-wissel') goud in Vancouver won, we hebben de opstanding gezien van het Japanse vrouwenschaatsen, na een decennium eerder ook zo'n opbloeiperiode in het Canadese vrouwenschaatsen te hebben meegemaakt.

Dat waren steeds ijkmomenten voor het Nederlandse schaatsen: doen we het wel goed? En ook: komt dat door al die Nederlandse trainers die in het buitenland gaan werken?

Het antwoord lijkt 'ja' te zijn, maar licht inslapen of een iets mindere oranje generatie op het ijs lijkt ook mogelijk.

Neem Patrick Roest: hij vocht zich de afgelopen jaren en toernooien meter voor meter naast en later voorbij Kramer en wist dat hij nu de Grote Meneer van het allround schaatsen was geworden. Dan komt zo'n nederlaag tegen Van der Poel toch behoorlijk hard aan, denk ik.

Er wordt door niet-schaatsfans soms badinerend over schaatsen als topsport gesproken. 'Hoeveel toppers rijden er nou helemaal in de hele wereld rond?' of: 'Ieder toernooi is toch een soort van Open Nederlands kampioenschap.' Dat laatste lijkt vaak wel waar, totdat er uit het niets mannen als Fish en Van der Poel opstaan. Of Sablikova, of de Amerikaanse Brittany Bowe.

Ja, Nederland is inderdaad een schaatsland. Kijk maar wat er plots gebeurde toen het in februari eventjes lekker koud werd. Met een niet te stuiten hogepriester van het dunne ijs aan het roer, Erben Wennemars, moesten we geloven dat de Elfstedentocht het beste vaccinatiemiddel tegen corona was.

Massaal reden we een paar dagen over sloot en plas en keken we, als we moe en soms met natte kleren waren thuisgekomen, naar de televisie om ene Van der Poel 'onze' Roest te zien verslaan.

Gelukkig zit in de mondiale schaatssport bij tijden een golfbeweging die helpt tegen de voorspelbaarheid van te veel Nederlandse overheersing. Ik denk dat mannen als Fish en Van der Poel en een vrouw als Sablikova een zegen zijn voor die sport. Voor iedereen in dit land waarvan de Koning ook hardop kan zeggen dat hij pootje over kan, is dat een lekker ontnuchterende wake-up call.

En uhhh, hulde voor de mensen van het Elfstedenbestuur. Terwijl Erben Wennemars probeerde via de pretbuis ons allen de Elfstedentocht-thermometer in de bips te duwen, bleven zij lekker rustig en nuchter. De kwaliteit van het ijs was onvoldoende. De bijna maniakale gretigheid van de sportwereld om wél weer eens door Friesland te gaan rijden, was zo mogelijk nog bedroevender.

Een nieuwe lente is nog geen nieuw geluid

Terwijl koersen in Australië en Argentinië afgelast zijn vanwege Covid-19, hebben ze in Frankrijk alweer gefietst en hebben we al een radioverslag van de afsluitende tijdrit van Bessèges via de NOS mogen aanhoren... ietwat armetierig, maar volgens mij wel een unicum, daar werd in het verleden nooit iets mee gedaan, dat vond men een onbetekenend Frans voorbereidingskoersje.

Wat ook doorging? De niet-aflatende stroom van persmededelingen van heel veel wielersponsoren.

Dat begon al in december, toen de diverse ploegen journalisten uitnodigden om via Zoom of wat dan ook de renners vragen te stellen. Dan zouden belangrijke renners in beeld komen en kon je, uit Noorwegen, Austin, Polen of Zierikzee of wellicht ook uit Haarlem, je vragen afvuren op die mannen. Ik heb nergens aan mee gedaan, niet eens uit nieuwsgierigheid, zeg ik eerlijk. Wel vroeg ik me af hoe en wanneer ik ooit in aanraking kwam met dat merkwaardige fenomeen 'ploegvoorstelling'.

Dat moet midden jaren zeventig geweest zijn. Ik herinner me een bijeenkomst bij Canada Dry, waar de glazen maar vol bleven en de bitterballen op het laatst door de feestzaal zeilden. Het was louter gezelligheid. Omdat de wereld toen veel kleiner was en de ploegen veelal een groot aantal renners uit één land in dienst hadden, gingen Hollandse journalisten naar Hollandse ploegen en

Franse naar Franse teams, enzovoorts. We keken toen nog niet over de grens.

Daarbij kwam ook je bij die tentoonstellingen makkelijk problemen kon krijgen met het in beeld brengen van de omgeving en de renners. Overal hingen sponsornamen, de shirts van de renners zaten ermee vol, de ondervraagden noemden ook expliciet de naam van de sponsor, maar dat mocht toen allemaal niet bij de publieke omroep.

Ik herinner me nog dat ik van mijn *Studio Sport*-chef eens een flink stuk van een Raleigh-ploegvoorstelling voor de uitzending moest verwijderen, omdat ik de NOS-regels overtreden had. Bij navraag bleek dat renners een Raleigh-shirt aan mochten hebben als er koers was, maar als ze in een winters etablissement achter tafeltjes zaten mocht de sponsornaam op hun shirt niet in beeld komen.

Dat leidde destijds tot flinke meningsverschillen en soms gescheld tussen de twee partijen; de ploegen en hun sponsors tegenover de media, die zich aan hun regels dienden te houden. Vooral Peter Post kon zijn frustraties heerlijk botvieren. Hij noemde ons televisiemakers de 'vijanden van de wielersport'. Hij walgde van hun mentaliteit en had zijn beste vrienden bij *De Telegraaf*, zei hij altijd. Die snapten tenminste hoe het hoorde.

Nou?

Voor wat het waard is dus. Voorstellingen van de ploegen Jan Raas en Cees Priem leverden later ook van dat soort problemen op, hoewel er elk jaar vanuit de politiek een streepje versoepeld mocht worden.

Wat in die dagen een ernstige overtreding was? Dat een renner die binnenskamers zat een wielerpetje droeg. Maar bij iedere presentatie zat natuurlijk de hele groep met een petje op in de zaal. Als je dat liet zien kreeg je geheid direct een serieuze schrobbering van het Commissariaat van de Media, dat toezag op de naleving van de Mediawet. Dat gold overigens ook voor een krant, als je daar tweemaal de naam Raleigh, TVM of Amstel Gold Race noemde. Zo heeft dagblad *Trouw* de AGR jarenlang principieel Heerlen-Meerssen genoemd, zelfs in het jaar dat er niet meer in Heerlen gestart werd. Maar dat laatste terzijde.

De perspresentaties van TVM en Cees Priem hadden altijd iets van een vrolijk middagje met Hans Kazan; Priem werd altijd wel ergens uit of onder vandaan getoverd en de middagen eindigden in een vrolijk drankenspel, leut, gezelligheid, schalen vol broodjes, bitterballen en een hoop gebral.

Post wilde het altijd sjiek doen, zijn presentaties moesten allure hebben. Ik weet nog dat hij met Panasonic als sponsor menig journalist met grote dozen met elektronica naar huis liet gaan. Geheel conform zijn manier van denken & doen zorgde hij ervoor dat (voor hem) belangrijke journalisten belangrijke dozen meekregen. Journalisten van kleinere kranten of degenen die nauwelijks namen noemden, kregen kleinere snuisterijen in de zogenaamde verloting mee naar huis. Ik herinner me nog collega's die aan het begin van het wielerseizoen met tv-toestellen, hele stereotorens, radio's of een walkman wegliepen. Ik kreeg een keer een reiswekkertje. Een teken.

Ook ben ik eens gebeld door iemand van het Commissariaat die vroeg welke snuisterijen wij van de NOS zoal bij de perspresentatie van Panasonic hadden meegekregen, en of ik die met serienummer en al kon doorgeven, dan zou er werk van gemaakt worden en dan zouden er acties volgens… boetes wellicht of schorsingen.

Zoals ik ook eens een ernstige uitbrander kreeg omdat ik in de Tour de France Bernard Hinault te lang in beeld had gehouden tijdens een gesprekje. Daardoor had de Nederlandse televisiekijker te lang de naam Renault op Hinaults shirt kunnen zien, en dat mocht niet. Ik kreeg een vinkje achter mijn naam. Staatsgevaarlijk. En ach ja, een vinkje meer of minder… daar weten we inmiddels alles van.

In de jaren van PDM zorgde Harry Janssen voor een sfeer die precies goed was. De Rabobank-jaren van Jan Raas waren ook correct en Zeeuws zakelijk, maar toch bleef altijd dat gevoel hangen dat mensen van de ploeg en de sponsor maar niet wilden accepteren dat erop gelet werd dat de sponsornaam niet 'in overvloed' in beeld kwam. Dan kregen wij, brave volgers van de regels, te horen: 'Ja maar in België'… en 'Ja maar in Italië' en dan waren er weer woordenwisselingen en moest ik weer die regels gaan uitleggen en werden sponsormeneertjes weer boos…

En nu?

Nu mag er veel meer, maar nog steeds met mate. Dan snapt u misschien ook waarom wij van de NOS de renners van Peter Post de 'postbodes' noemden en die van Rabobank werden dan al snel de 'Raasdonders' en meer van dat soort slappe grappen. TVM? De verzekeringsjongens van Baas Bos… ja, als commentator moest je dat soort uitvluchten bedenken.

Dit jaar gingen de ploegvoorstellingen dus per Zoom en dergelijke, en kon je het seizoen als wielerjournalist officieel openen. Ik kreeg uitnodigingen zat, maar ging nergens op in.

Zo begreep ik dat Tom Dumoulin bij de presentatie van de gele ploeg erg enthousiast was dat hij Vlaanderen zou gaan rijden en een dag later vernamen we dat hij in de spiegel gekeken had en... Dat verhaal kent u.

Vroeger begon bij de NOS het wielerseizoen met Omloop Het Volk, en vooral als men uitgeschaatst was voor die winter. Bessèges bestond eenvoudig niet. Het kwam ook weleens voor dat er nog om schaatstitels gereden werd in Noord-Amerika terwijl Het Volk al glibberend en glijdend door Vlaanderen trok. Dat was dubbelop, voor mij soms letterlijk: 's middags koers, snel de auto in en 's avonds studiopresentatie met schaatsen en de volgende dag Kuurne-Brussel-Kuurne. Net zo makkelijk.

Eigenlijk is mijn systeem erop ingesteld dat bij de Omloop Het Nieuwsblad (vroeger noemde Felix Meurders van de VARA, een van de beste radiomakers van het land, deze koers 'De Omloop van het Volk' of soms ook 'De Omloop voor het Volk', hij maakte daar op de zender grappen over) het wielrennen echt begint. Ik geef toe, een tamelijk ouderwets idee, maar het zij zo.

Ik weet dus nu niet wat ik gemist heb aan al die presentaties waarop ik me had kunnen inschrijven. Het spijt me. Of eigenlijk spijt het me helemaal niet. Ik wacht wel op De Omloop.

Haar eigen beslissing

Ja, ook voor Serena Williams zal het haar eigen beslissing worden: doorgaan of stoppen. Zoals alle grote sporters ter wereld dat moment van stoppen door anderen voor de voeten geworpen hebben gekregen, gebeurde het nu met de beste tennisspeelster ooit. Want dat is ze en zal ze voorlopig ook wel blijven.

De Amerikaanse verloor bij de halve finale van de Australian Open kansloos (6-3, 6-4) tegen de Japanse Naomi Osaka, die Williams aan de grond nagelde en haar geen enkele kans op zelfs maar één glimlach gaf. Tweemaal schreeuwde Williams gefrustreerd uit 'Make a shot', maar voor de rest bleef haar gezicht een strak masker waar voor lange tijd niets vanaf te lezen was. Melbourne keek stil toe.

Osaka begon weliswaar nerveus, had zelfs moeite de servicebal goed op te gooien en zonder enige opzienbarende slag was het 2-0 voor Williams. Vijftig minuten later evenwel zwaaide de 39-jarige Amerikaanse vedette naar het publiek, dat ervoor was gaan staan: een staande ovatie voor de vrouw die, volgens velen, min of meer geobsedeerd de titel in Australië najoeg en daarmee mede-wereldrecordhoudster Grand Slam-titels zou kunnen worden. De titelhoudster, de Australische Margaret Court, was niet in Melbourne. Diep kwetsende opmerkingen tegenover de sportieve lhbti-gemeenschap hebben haar tot paria op leeftijd gemaakt. 'She's not invited to be here,' zei een commentator.

De vraag was dus: joeg Williams dat record na? Zelf zei Williams bij voortduring dat zij zich niet herkende in dat beeld. Ja , ze speelde in Melbourne, maar dat record zat niet echt op haar netvlies. Ze zocht juist de vrijheid van het lekker en misschien wel ontspannen kunnen tennissen in een van haar meest geliefde stadions voor haar trouwe en liefhebbende publiek.

Had ze immers niet met vrij simpel spel in twee achtereenvolgende partijen de aanstormende tennistoppers Sabalenka en Halep met quasi-nonchalant gemak het hardcourt afgeveegd?

Ja.

Ze kon nog winnen op die typische Williams manier: hard meppen, licht intimideren en het puur overpoweren van haar opponenten. Zelfs de eveneens sterk gebouwde Sabalenka kon geen bres schieten in de verdediging van de Amerikaanse, en Halep speelde een dooie-mus-wedstrijd, bijna angstig en vol fouten.

Dat zou Osaka niet overkomen, wisten de kenners. De Japanse, die in Amerika woont, is een slag apart. Na die krankzinnige wedstrijd in New York 2018 waarin Williams overliep en een verbale oorlog tegen de stoelscheidsrechter begon en waar Osaka al dat gedoe van afstand anschouwde en daarna Williams een flinke draai om de oren gaf, wist de Japanse dat Williams natuurlijk wel haar idool was maar dat niets haar weerhield van dat idool te gaan winnen.

De Williams-sisters werden rolmodellen voor alle andere niet-blanke topspeelsters; een doorgaans vrij heikel onderwerp om in die sport over te spreken, maar alla, ik schrijf het dus maar op. Tennis bleef heel lang heel blank, maar de komst van de Williams-sisters en hun hard schreeuwende vader veranderde veel, en terecht.

Kun je tegen je idool voluit spelen? Kon Osaka dartel en gericht gaan tennissen en tegelijkertijd haar eigen sprookje over Williams levend houden?

Het antwoord kwam hard en duidelijk: ja dus.

Op die eerste twee games na, waarin ze bijna bibberend speelde en zocht naar vaste grond onder de voeten, speelde Osaka ijzersterk tennis. Ze sloeg twintig winners langs haar opponente, en niet zomaar een beetje, nee, de ballen sloegen bijna kraters naast Williams.

De Amerikaanse beantwoordde die gedegen aanvallen van Osaka met de meest serieuze en grimmige blik ooit van haar gezien, maar die blik hielp haar niet veel verder.

De Amerikaanse, die mede door haar kleding een ietwat 'plompe' indruk maakte en blijkbaar last had van de snelheid waarmee de Japanse haar bekogelde, speelde zuur tennis en wist dat ze ingepakt werd.

Toen ze in de tweede set op 4-4 kwam en er een dunne kans bestond iets in haar spel te veranderen tijdens haar servicegame, sloeg tegenstander Osaka keihard toe. Ze zoefde de ballen langs de vrouw die twintig jaar lang het damestennis op de wereld een professioneel gezicht gaf. De met fantasie en schijnbaar makkelijk geslagen cross-court winners van Osaka deden Williams inzien dat ze geen stap verder kwam dan die hoopgevende 4-4. End of the line.

Vervolgens nam Williams dus, bescheiden zwaaiend,

afscheid. Het wachten was nu op een officiële reactie van Williams. Intussen ontlokte stadionspeaker en oud-tennisser Jim Courier aan Osaka het geheim van deze zege: Osaka leefde in Melbourne in een bubbel en verkoos het veertien dagen achtereen Japans eten op haar kamer te bestellen.

Woensdag veranderde ze dat patroon opeens, en eigenlijk wist ze niet waarom: ze bestelde een Griekse maaltijd en zag 's avonds op de tv dat de Griek Tsitsipás na een heroïsch duel de Spanjaard Nadal uitschakelde. 'Dat moet een teken geweest zijn,' lachte de Japanse spontaan.

Het wachten was dus op een reactie van Williams. Ze kwam, zag, hoorde wat vragen aan over haar nederlaag en of het zwaaien van een uur eerder het definitieve einde van haar rijke loopbaan had betekend, en vervolgens zweeg ze, hield zich in, nam een slok water uit een flesje en zei, in de werkelijk zware en pijnlijke stilte in de perszaal: 'I'm done.' Toen stond ze op en liep weg.

Ik kon me die reactie voorstellen. Ik wist ook dat die vragen zouden komen. Niet omdat ze móésten komen, want hoe vaak had ik zulke situaties niet meegemaakt; of van dichtbij (Rintje Ritsma, Sven Kramer, Robin van Persie, Mark Cavendish, Ireen Wüst, Chris Froome) of van een afstand.

Ik heb altijd gevonden dat de betrokken sportvrouw of sportman zelf uitmaakt of er gestopt gaat worden of niet, daar heeft de buitenwereld helemaal niets mee te maken. In Nederland leverde dat nog weleens heel spannende televisie op in het beroemde woordenduel tussen Ritsma en NOS-man Bert Maalderink, nietwaar?

In Melbourne was het een voor mij onbekende die de niet heel tactische vraag opwierp of het voor Williams een 'farewell' was. De speelster dacht even na en reageerde: 'Als dat zo zou zijn, zou ik het zeker niet zeggen.'

Daarna brak ze voorzichtig, maar duidelijk, en liep ze van haar plaats weg.

Die vragensteller had het recht die vraag te stellen, hoewel veel van zijn collega's dat waarschijnlijk nooit gedaan zouden hebben. Het is een kwestie van timing, van het snappen en aanvoelen van de situatie, van het inleven in het bestaan van de sportende mens dat het op dat moment moeilijk heeft. En dat op vijf meter afstand zit, wat uiterst confronterend is.

Als een sporter – in dit geval Williams – tegen het plafond van haar overlopende gevoelens aanzit, kun je als een aasgier erbovenop springen, of je kunt tactvol een beter moment afwachten. Een kwestie van beschaving, ben ik van mening. Maar sommige collega's vinden: grote sporters moeten ook groot zijn in dit soort netelige situaties, het (sport)leven is niet louter mooi, lief en zacht. Meestal kon je aan de signatuur van de krant, het blad, het tv-station of de radiozender van de betreffende journalist wel inschatten van welke school ze waren.

Nee, Williams had geen enkele kans tegen Osaka. Ineens was het veld te groot, merkte ze, en dat grietje tegenover haar, nota bene haar grootste fan, joeg haar links en rechts de gele ballen om de oren. Williams was al jaren kwetsbaar, maar kwam op routine nog heel vaak fraai mee. In deze halve finale, in haar geliefde Melbourne, hield het op. Duidelijker kon het niet: ze stond aan de grond genageld. Vandaar die sombere en later die lege blik en weer later die tranen.

Nee, ze was niet geobsedeerd door het halen van die recordtitel, ze wilde gewoon lekker spelen en winnen en de beste zijn, zoals ze heel lang was geweest. Het aantal behaalde titels was niet belangrijk, wel het kunnen spelen met dat onbeschrijfelijke gevoel onaantastbaar te zijn.

Gaat Williams spoedig met Roger Federer bellen om eens wat wetenswaardigheden door te spreken?

Ontslag in avondkloktijd

Of het nou goed was wat de betrokkenen bij PEC Zwolle deden op de late zaterdagavond?

De voetbalwedstrijd Emmen-PEC eindigde in Drenthe in 3-2. Voor diegenen die de Nederlandse eredivisie niet goed volgen: dat was de eerste overwinning van de thuisploeg dit seizoen. Emmen speelt prutvoetbal.

Feest in Drenthe natuurlijk, want Emmen heeft in de Nederlandse sportwereld een vrij hoge aaibaarheidsfactor en dus werd er nog eventjes coronavrij (?!?) doorgezakt.

PEC, een ook best sympathiek clubje met middelmatige voetballers die overal en nergens vandaan komen (net zoals trouwens bij Emmen), komt de eer toe dertiende in de eredivisie te staan en nu de eerste ploeg te zijn die van Emmen verloor; vast en zeker een pubquizvraag voor de komende decennia. Het zal lekker gezellig geweest zijn in de kleedkamer van PEC.

Na de avondklok slenterden de spelers zwijgend naar de bus en het traject Emmen-Zwolle nam een aanvang; gelukkig niet al te ver, maar voor één iemand aan boord van de bus wel een gang naar Canossa: voor trainer John Stegeman. Deze soms bozig ogende coach wist al dat hij op kon stappen aan het eind van dit seizoen, want, zo zeiden mensen binnen de club, 'er zat geen flow meer in de ploeg'.

Ik stel mij zo voor dat Stegeman in de bus een trillend geluid uit zijn jaszak hoort komen: een appje. Hij pakt zijn mobiel en weet het eigenlijk wel. Hij leest op het schermpje of hij, alvorens naar huis te rijden, 'nog even langs wil komen op kantoor'. Was getekend: Mike Willems, de technisch manager van de Zwolse ploeg. Tussen Emmen en Zwolle gapen 78 kilometer en die moet Stegeman in stilte doormaken.

Op kantoor hoort hij wat hij dacht te gaan horen, hij had zich er een kilometer of zeventig op kunnen voorbereiden.

De tactvolle Willems laat later weten: 'Als je iemand een klootzak vindt, is het niet zo moeilijk om daar afstand van te nemen. Maar John is een goed mens en een fijne collega.'

Stegeman hoort zijn directe ontslag aan en rijdt de stille wereld in naar huis. Geen kip op straat: avondklok, een onsympathiek woord. De Fransen spreken van 'couvre-feu', ofwel het vuur bedekken of doven.

In vele andere, ietwat bovenmodale auto's, rijden de selectiespelers van PEC naar hun respectievelijke huizen. Ze dienen zich kapot te schamen. Het vuur bij hen is ook al weken gedoofd en op deze avond bakten deze luilebollen er helemaal niets van. En ach ja, de trainer zou toch weggaan... dus. Er zou wel weer een ander komen. Wie dan leefde, die zou wel zien. Voetballers leven bij de dag, voetbaltrainers bij het uur.

Dickie Dick

Er was een tijd , toen Dick Advocaat nog voetbaltrainer in Rusland was, dat zijn doen en laten door de voetbalwereld, met lichte spot over zijn vermeende grote interesse in geld én een zekere Hollandse zuinigheid, werd bekritiseerd en dat hele plaatje een beetje de indruk wekte dat het 'Dagobert Dick' alleen maar te doen was om de centen.

Maar naarmate de kleine Hagenees meer richting een mooi pensioen ging en qua clubkeuze steeds dichter bij huis uitkwam, nam de lichte spot per half jaar met een streepje af. En nu hij al een flinke tijd het zwalkende schip Feyenoord begeleid en we allen inzien dat hij eigenlijk veel meer een echte liefhebber is en dat zijn acties, zijn mimiek, zijn persconferenties en zijn soms uiterst komische invallen eigenlijk zo gek nog niet zijn, groeit zijn populariteit zelfs op niet mis te verstane wijze. Van de zuinige Hagenees is hij een ervaren en volwassen, echt grappige trainer-coach met veel zelfspot geworden, die zijn spelers zeker niet voor de voeten loopt en die heel, heel vaak gelijk heeft in zijn puntige analyses. Áls hij dan ergens 'zuinig' in is, dan is het in die warrige, typische voetbalcoachtaal die nergens op slaat.

Sterker: ik vind zijn gehele optreden van de laatste twee jaar ijzersterk. Hij beheerst zijn mimiek, geholpen door een geestige kop waarop hij zijn gemoedstoestand in vele vormen moeiteloos aan ons toont; van juichend tot stil, van ingeperkt boos tot verbaasd, van levendig naar hilarisch... zijn arsenaal aan uiterlijkheden lijkt onuitputtelijk.

Hij geeft kritiek, hij baalt van zijn falende topspelers, hij scheldt scheidsrechters op net nog toegestane manier uit, hij gaat het directe duel met lastige of brutale of weifelende journalisten vol aan en bedient zich dan van een uitstekende tactiek: luisteren, even nadenken en terugprikken. Vaak is het 'touché', en dan reageert hij met een zwijgende blik, ingebed in een saus van kritische tegenwerking.

Ik durf zelfs wel te zeggen dat ik mede door zijn optredens (op de bank en tijdens persconferenties) weer veel meer naar de eredivisie ben gaan kijken. 'Dickie', zoals René van der Gijp hem liefkozend noemt, is zo gek nog niet.

Me dunkt, wie kan de volgende adelbrief voorleggen: als speler ADO Den Haag, Golden Gate Gales, Roda JC, FC VVV, Chicago Sting, FC Den Haag, Sparta, Berchem Sport, FC Utrecht en tot slot Duindorp SV (ik geef toe: die moest ik opzoeken); als trainer DSVP (zie Duindorp), assistent-bondscoach Oranjemannen, bondscoach Oranjevrouwen a.i. (één wedstrijd), Haarlem, SVV, SVV/Dordrecht'90, assistent-bondscoach Oranjemannen, bondscoach Oranjemannen, PSV, Glasgow Rangers, bondscoach Oranjemannen, Mönchengladbach, Verenigde Arabische Emiraten, Zuid-Korea, Zenit Sint-Petersburg, heel even – en niet echt sjiek behandeld – bondscoach België, AZ, bondscoach Rusland, PSV, AZ, heel even bondscoach Servië, Sunderland, adviseur Feyenoord, assistent-bondscoach Oranjemannen, Fenerbahçe, bondscoach Oranjemannen, Sparta, FC Utrecht, en vanaf 2019 Feyenoord.*

Was getekend: Dirk Nikolaas Advocaat, rechtsbenige halfspeler, die tegenstanders voortdurend voor de voeten liep en de bal afpakte. Speelde 543 profwedstrijden en scoorde 28 keer. Coachte overal door weer en wind, won vaak, kon slecht tegen zijn verlies, kefte veel, verdiende goed en werd, aan het eind van zijn rijke loopbaan, een zeer redelijke voetbalman die een uitstekende kijk bleek te hebben op voetbalzaken.

Zijn lichte cynisme, zijn gewaagde oogopslag en zijn soms kostelijke oneliners verrijkten zeker de laatste jaren onze voetbalwereld.

En wat die Dagobert Dick betreft: ik weet uit betrouwbare bron dat als Dicky te gast is bij een voetbaltelevisieprogramma, dat hij het honorarium standaard laat overmaken naar een goed doel van zijn keuze.

Wat ga je doen na Feyenoord, Dick? Ik neem toch aan dat je niet kunt stilzitten... en een mannen-yogaclub lijkt me niet aan je besteed.

In juli 2021 maakte Dick Advocaat bekend dat hij bondscoach van Irak zou worden, tot en met het WK voetbal 2022 in Qatar. Tsja, en dat viel dus ineens niet goed in ons landje. Irak... wist Dicky niet welk een ongelooflijk onvrij land dat was of is geweest? Mensenrechten? Hoe zat het daarmee? Trok Dickie zich daar iets van aan?

In eerste instantie bleef het een tijdje stil vanuit het Oosten. Dicky had de spannende druk van weer een nieuw en goed betaald avontuur in de doldwaze voetbalwereld niet kunnen weerstaan. Hij had nog maar weer eens zijn tas gepakt en was een vreemd voetbalveld op gelopen.

Wat is nieuws?

Het volgen van internationaal sportnieuws is vaak boeiend, soms saai, soms verrassend, soms voorspelbaar en deze willekeurige week in februari was het van alles wat. Zaken om dieper over na te denken. Waar komt het werkelijke nieuws vandaan en wie weegt de juiste zwaarte?

Zo was daar Tiger Woods. Noem zijn naam en een resem aan gedachten en herinneringen borrelt op: schitterende golfspeler, onnavolgbaar goed, won grote toernooien met bijna klinische precisie. Mr. Nice Guy, zeer succesvol, steen- en steenrijk, getrouwd met een Zweedse schoonheid, huisvader, alles thuis tot in de puntje geregeld. Maar ho...

Ineens was daar de donkere zijde van de man: zijn ongelofelijke honger naar betaalde seks met vreemde vrouwen.

Hij liet het golf los, ging in allerlei goedbedoelde therapieën oplossingen zoeken, kwam terug in zijn eigen habitat van het mondiale golf, speelde weer goed en... parkeerde afgelopen week, vroeg in de ochtend, zijn auto tamelijk slordig in een diepe berm, nadat zijn SUV een aantal keer over de kop was geslagen.

Boem au.

Opnieuw omringd door een wolk van onzekerheden, gissingen en verdachtmakingen werd hij wereldnieuws, zoals dat eerder gebeurde toen hij slordig met een auto omging en hij gedronken bleek te hebben. Niemand weet wat er nu gebeurde, maar de naam Woods werd wereldwijd weer overal genoemd: zwaargewond, verbrijzelde enkel, operaties, naar een beter en ander ziekenhuis...

Hadden we dit niet eerder meegemaakt?

En we hadden Lonneke Slöetjes, misschien wel Neerlands beste volleybalspeelster. De vrouw die vorig jaar, na 302 interlands voor Oranje, een pauze inlaste in haar rijke, maar misschien toch wel te veel eisende sportleven. Hoe zou ze uit die pauze terugkomen? Hoe gretig zou ze nog zijn om weer op niveau te gaan werken? Haar antwoord deze week vond ik dapper: ze stapte definitief terug. De stille periode had haar doen inzien dat er ook andere zaken in het leven van belang waren dan dat volleybalnet, die bal, de ploeg en de prestaties; ze stapte uit haar lievelingssport, het vuur was wellicht nog heel licht smeulend aanwezig, maar ze zette er kordaat een streep onder.

Volleybal zen-master Joop Albeda zei het fraai: 'Ze is altijd bescheiden gebleven en ik vermoed dat ze zelf niet beseft hoe groot ze was als speelster.'

Vandaar: een grote en moedige beslissing van een dappere strijder die uitgestreden was en kalm wegstapte. Respect, honderd maal respect voor zo'n grote sportvrouw.

Rafael Nadal zegde af voor Rotterdam. Eigenlijk niets nieuws onder de zon. De Spanjaard kampt (weer) met een opspelende rugpijn. In Australië moest hij, nog voor de finale gespeeld was, toegeven dat hij niet 'top' was. Ja, hij zou naar Ahoy komen, had de superblije toernooidirecteur Richard Krajicek ons laten weten. Gek maar waar, toen hij in Melbourne op de Australian Open onlangs ten onder ging in die razend boeiende kwartfinalepartij tegen Stefanos Tsitsipas (een marathonpartij met 3-6/2-6/7-6/6-4/7-5 als eindstand) zeiden wij thuis aan tafel direct tegen elkaar: 'Die gaat afzeggen voor Rotterdam.' Routine-actie van de sporter. Routine-gedachte van een volger. Waarom? Gewoon: gevoel.

Zijn lijf laat hem tegenwoordig vaker in de steek dan hij wil en dus zoekt hij weer de rust, de pauze, de hersteltijd, de langdurige opknapbeurt in plaats van het redelijk monomane circuittennis dat weliswaar geld oplevert, maar dat hij kan missen als kiespijn. Voor het geld hoeft hij immers nooit meer een set te spelen; hij gaat nu nog voor een paar 1000-toernooien en Grand Slams. Rotterdam, hoe lief en aardig Krajicek ook voor hem was en is, was voor hem een no-go.

PSV, de wankelende voetbalploeg uit Eindhoven, waar door het opmerkelijke gedrag van de Duitse coach Roger Schmidt een opgewonden sfeer rond de ploeg hangt, vloog er in de Europa League uit en landde met een klap op de afvalberg van uitgeschakelde clubs.

Al weken, zeg maar maanden, is deze coach bezig in zijn proeflaboratorium van de voetbalwereld. Hij goochelt met opstellingen, spelers en merkwaardige gedachten en doet dat alles in een werkelijk oorstrelend Duits-Engels dat vroeger ene Von Gelb in de televisieserie *Vrijbuiters* liet horen. Geoffrey Toone speelde die rol. Schmidt overklast hem en maakt er een karikatuur van.

Of de man zijn voetbalzaken op een rijtje heeft weet

ik niet, maar hij maakt, in al zijn optredens, 'te veel water'. Het ware misschien beter dat hij Duits zou spreken, op het gevaar af dat de Nederlandse vragenstellers van voor en na de wedstrijd en de kijkers hem dan niet helemaal goed zullen begrijpen, want wie leert er nou nog (goed) Duits op school? Schmidt kiest voor komisch Engels en schermt met fantoom-opstellingen. Of is het: fantoom Engels en komische opstellingen?

Het is dan niet zo gek dat PSV op enige achterstand van Ajax mee hinkt in de eredivisie, hoewel daar wellicht wel weer snel een Eindhovense opleving kan komen. Dat je, vlak voor het einde van een superbelangrijke wedstrijd, tegen een Griekse ploeg ook nog, een goal tegen krijgt is geen brevet van tactisch vermogen. Noch van de spelers, noch van de coach. Ik vraag me af of deze spelers nog wel die extra stap voor deze coach willen zetten.

It's the same old song... immer wieder das Gleiche...

Een van de eerste voetballers die ik ooit, in de jaren zeventig van de vorige eeuw, mocht interviewen (of beter: wat vragen mocht stellen) in mijn werkzaamheden voor het legendarische sportprogramma op Radio Noordzee, was de doelman van Den Haag Ton Thie.

Toen ik hem in Den Haag op een sportveld tegemoet trad, zei hij me lachend en in fijnzinnigs Haags: 'Da's voor het eerst dat ik een journalist voor me krijg die langer is als mij..'

Het werd een oergeestig gesprek; de man bezat een droogkomische humor en hij was daarnaast, volgens velen, een topkeeper. Toen ik hem dat zei, schudde hij zijn hoofd en zei: 'Ik hou balle tege, da's alles.' Zulke eerste gesprekken vergeet je nooit. Als je dan van zijn dood hoort, slaat zoiets dubbel bij je binnen. Ik had al eerder gehoord dat hij in Afrika was gaan wonen, in Gambia. Zoiets verbaasde me zeer. Een Haagse doelman die later kantine-uitbater in een zwembad in Gouda werd, sleet zijn laatste dagen (vanaf 1996, las ik) in het verre Gambia. Ik dacht met plezier aan hem terug: hoe zou hij daar zijn Haagse inborst hebben laten werken? Zijn taal? Zijn omgangsvormen? Als je ooit met Dick Advocaat, Theo van der Burgh en Aad Mansveld samen hebt gespeeld, kan je blijkbaar overal op de wereld overleven. Totdat het definitieve einde daar is.

Het was me een eer, Ton, je toen gesproken te hebben.

Aan Harrie Jekkers om er een mooi lied aan te wijden.

In de USA heeft oud-turntrainer John Geddert zelf een eind aan zijn leven gemaakt. Hij was coach van Team USA in olympisch London 2012 en haalde met de Amerikaanse meisjes goud.

Rond het mondiale turnen hangt al enige tijd een zweem van verdachtmakingen, soms ook van gevonden feiten van coaches en trainers die op gewelddadige manier de grenzen van het betamelijke binnen de topsport overschreden hebben.

Geddert had ook zo'n naam en werd al geschorst vanwege zijn samenwerking met andere 'boosdoeners'. Er lag een rapport met 24 aanklachten klaar bij een rechtbank in Michigan. Hij werd beschuldigd van verbaal en fysiek geweld tegenover zijn sporters. De aanklacht luidde: seksueel misbruik en mensenhandel.

Ik ben benieuwd naar het gevolg voor de rest van deze

onfrisse kant van de turnwereld, nu de aangeklaagde trainer-coach zelfmoord heeft gepleegd. Hoe gaat men hiermee om? Gaan de alarmbellen nog harder luiden of is dit een op zich staand geval? Halen toezichthouders nu hun schouders op? En denken ze dat de aanstaande schuldigen zichzelf allemaal van het leven gaan beroven? Nee toch. Ik heb weleens gelezen dat je geweldig veel durf moet hebben om tot die daad te komen. En zijn al die engerds die aan meisjes hebben zitten frunniken, die heel even, heel toevallig, hun handen in de meisjesbroekjes stopten, die de kinderen uitscholden en verbaal kleineerden, die alles deden om tot een juist 'topsportklimaat' te komen met gouden medailles aan de horizon, ook mensen met werkelijke durf? Nee, dat is niet mijn definitie van durf.

Tennis in donkere stilte

Gisterochtend geen woord in het *Haarlems Dagblad* over het ABN Ahoy Rotterdam tennistoernooi. In die andere ochtendkrant, *Trouw*, werd heel kort stilgestaan bij de uitschakeling van de Belg David Goffin; vijftien regeltjes. Er was een iets groter verhaal met Ahoy-directeur Jolanda Jansen, die in de nabije toekomst keek, maar al met al was het een uiterst magere tennisvangst.

Ahoy, ons grootste en oudste en leukste tennistoernooi, dat al decennia terechte lof verdient vanwege zijn uitstraling en het feit dat je wereldtennistoppers op iets meer dan anderhalve meter afstand kunt zien en kan aanraken en er 'selfies' mee kan maken.

Door de jaren heen stond het ABN-toernooi garant voor goed, mooi en soms sensationeel tennis met een resem aan toernooiwinnaars van naam, verrassingen, een bommelding van allure en voor de Nederlandse sport een geweldige opkomst van het hongerige tennispubliek. Een weekje Ahoy leverde vaak, zo niet altijd, meer dan honderdduizend betalende bezoekers op.

En Rotterdam was ook het toernooi waar je sportieve BN'ers in het finaleweekend goed in beeld kon krijgen. Welke zanger van naam peuterde daar aan zijn neus en met wie was die voetballer gekomen en wie zat er nu naast die minister, was dat zijn eigen vrouw?

Zet deze namen van winnaars in je geheugen vast: Ashe, Okker, Krajicek, Siemerink, Connors, Borg, Vilas, Mecir, Edberg, Becker, Ivanisevic, Kafelnikov, Federer, Murray, Del Potro en Monfils. Dat zijn nog eens klinkende namen, nietwaar?

Ik vergeet nooit de editie van 1987. Op zondagmiddag stonden Stefan Edberg en John McEnroe tegenover elkaar; beter kon je ze niet krijgen. De Zweed speelde waanzinnig leuk tennis, de Amerikaan werd bozer en bozer om zijn eigen tekortkomingen, de Zweed won (3-6/6-3/6-1) en McEnroe weigerde ostentatief een live interview voor de NOS-televisie en voor de afwachtende mensen in de propvolle zaal.

Gezegd dient te worden dat hij een half uur later zijn excuses bij mij kwam aanbieden voor zijn slechte gedrag... als ik nog vragen had? Zo was hij dus ook.

Nu loopt Ahoy 2021 bijna af en is het stil rond de Rotterdamse tennistempel. Er is geen mens te bespeuren, ook hier wordt zonder publiek gespeeld. Fantoom-tennis!

Feit is wel dat afgelopen week duidelijk is geworden dat toptennis zonder publiek een verloren zaak is. Voor velen toch, want de oorverdovende stiltes na prima passeerslagen zijn legio. Niemand reageert in de grote donkere zaal, heel soms klapt een onzichtbare coach vanuit het behang, maar als ooit duidelijk is geworden dat topsport en toptennis niet aantrekkelijk zijn zonder hoorbaar en zichtbaar publiek, dan was het dit toernooi wel.

Ik had te doen met toernooidirecteur Richard Krajicek: hij was aan handen en voeten gebonden en kon niets anders dan toezien hoe in een somber aandoende stilte in een net iets te donkere zaal, spelers van wereldklasse tegen een bal stonden te meppen. De pregnante stilte rondom de partijen, het holle geluid van een stuiterende bal en het totaal ontbreken van sfeer, rechtvaardigde de vraag: was het een goed idee geweest dit toernooi onder deze omstandigheden toch te laten doorgaan? Was dit geen antireclame? Welke televisiekijker wilde gezellig een volle middag of volle avond naar het donkere Rotterdamse decor gaan zitten kijken?

Tennis, zoals verleden seizoen ook al duidelijk werd, kan niet zonder publiek uitgevoerd worden.

Een goede service of een passeerslag van jewelste vraagt om een reactie van de mensen rond de baan, zowel in beeld als qua geluid: applaus, enthousiasme, een gil, geroep, actie, blijheid, verwondering, emotie.

De doodse stilte na een fijnbesnaarde stop-volley van Borna Coric deed pijn aan je oren. De zwaarwegende stiltes bij het zitten tussen games in waren om knettergek van te worden; de somberheid van de ineens in halve duisternis gevatte omgeving was te veel.

Ik denk niet dat Krajicek en zijn opdrachtgever ABN tevreden waren met deze editie. Ook al niet omdat een behoorlijk aantal 'namen' in stilte en snel door de achterdeur het toernooi verliet. Om welke reden dan ook: ze verdwenen.

Wie?

Uhhh... Medvedev (eerloos), Zverev (slap en ongeïnspireerd... hij zei dat de ballen niet goed genoeg voor hem stuiterden), Bautista Augut (eerloos), Wawrinka (nauwelijks opgemerkt, speelde hij echt?), Murray (nog steeds op zoek naar zichzelf), Goffin (moe?)...

Ja, er was wellicht een verrassing in de figuur van de Amerikaan Tommy Paul, maar dat was een krentje in de slappe pap.

Zelfs de Griek Stefanos Tsitsipas struikelde bijna over de Pool Hubert Hurkacz, maar bleef nog net in de benen. Als hij ook van het toneel was verdwenen, had Krajicek wellicht zelf nog... Nee, natuurlijk niet, geintje.

Topsport vraagt om topspelers in een topomgeving en als mannen van naam even niet thuis geven, dan is zoiets vervelend. Het komt in de mondiale tennissport vaker voor en Rotterdam staat hierin niet alleen. Toch was de armada van semi-toppers die voortijdig vertrok ditmaal opmerkelijk en storend. Een man als Zverev hoort zich te schamen voor zijn optreden en wat deed de finalist van Melbourne, Daniil Medvedev, eigenlijk in Ahoy? Was het wat wielrenner Gerrie Knetemann vroeger weleens zei: 'Ik was stoffelijk aanwezig'?

Iedere sporter heeft recht op baaldagen in zijn of haar sportleven, maar liever niet op wedstrijddagen. Het snel wegvallen van 'namen' maakte Rotterdam 2021 eigenlijk nog een graadje zuurder voor de sponsor, de toernooidirecteur, de televisieorganisaties die het aandurfden live te gaan en het televisiekijkerspubliek.

Ik heb niet alle cijfers kunnen zien, maar veel mensen waren het tot en met donderdag niet. Een paar tienduizenden, ongeveer de aantallen van kookprogramma's uit Australië of (vroeger) het testbeeld.

Ahoy tennis verdient veel en veel beter, maar helaas zat het er dit jaar niet in. Jammer, driewerf jammer.

Nog een verzoek dan maar: mogen de commentaarstemmen bij de wedstrijden toebehoren aan óf Marcella Mesker, óf Kristie Boogert óf Mariëtte Pakker? Gewoon omdat zij verreweg de besten in Nederland zijn en dat helpt al een stuk. En alle mannelijke tenniscommentatoren mogen, nee móéten maar eens urenlang naar deze drie dames gaan zitten luisteren. Ik zou zeggen: 6-1/6-0 en 6-1 voor de dames.

Heren: stilte is ook geluid. En commentaar geven is vooral niet te veel zeggen.

Schelden, roasten en erger

Terwijl er in ons land de laatste dagen fel gedebatteerd werd in de aanloop naar de Tweede Kamerverkiezingen op 17 maart, terwijl er mensen uitgleden, weer anderen elkaar met respect benaderden en sommigen de grens van het betamelijke ruimschoots overschreden en zelfs clowns van zichzelf maakten, laaide er in de Amerikaanse sportwereld ineens een brandje op nadat een basketbalspeler van een NBA-ploeg een vette verbale uitglijder had gemaakt die daar voor heel even 'trending news' werd.

De feiten. De speler in kwestie heet Meyers Leonard en is een thans aan zijn schouder geblesseerde center van de Miami Heat. In dit lopende seizoen kwam hij slechts drie maal in actie. Hij was verleden jaar een opmerkelijke 'transfer'. Hij is niet bijster goed, maar kreeg een topsalaris van tien miljoen per jaar aangeboden omdat hij lang, breed en sterk is. Dat verraste menigeen; hijzelf moest erom lachen.

Omdat de boomlange, witte man van 2.12 meter een verwoed gamer is en hij tijdens zijn blessure niets anders te doen had dan te gamen, speelde hij met Jan en alleman spelletjes waar anderen dan weer naar konden kijken. Zo speelde hij een aantal dagen geleden *Call of Duty: Warzone*, deed blijkbaar iets stoms en uitte zijn ongenoegen door tijdens het streamen op Twitch hardop en voor iedereen hoorbaar 'F*cking cowards, don't f*cking snipe me you f*cking kike b*tch' te roepen.

Dat werd dus een rel. Binnen 24 uur stond zijn naam in iedere krant, openden nieuwsuitzendingen ermee en druppelde het nieuws ook mondjesmaat door naar de rest van de wereld. Het bleek vooral te gaan om het woord *kike*, dat ik nog nooit had gehoord maar waar ik na enige studie op internet van begreep dat het een grove benaming was voor een joods persoon.

Leonard verontschuldigde zich publiekelijk bij de joodse gemeenschap, hij had helemaal niemand willen kwetsen. Zijn verweer? Hij kende het woord wel, maar niet de betekenis. Hij had het door de jaren heen gehoord en schijnbaar zonder na te denken opgenomen in zijn vocabulaire. Maar zoals een krantencriticus schreef: 'Het woord kwam wel heel makkelijk uit zijn mond.'

Zijn club (Miami Heat) nam maatregelen, de NBA ging in beraad en gaf de man een boete van 50.000 dollar en een schorsing van een week. Dat is opmerkelijk, omdat Leonard geblesseerd is en nog zeker een half jaar niet kan spelen. Blijkbaar staan er binnen de NBA 'vaste tarieven' voor dit soort menselijke fouten.

De kans is overigens buitengewoon groot dat hij door de Heat aan de kant zal worden gezet. De Heat heeft een joodse eigenaar, Mickey Arizon, en de antisemitische uitglijder van een van zijn spelers kwam daar extra hard aan, net als bij andere joodse inwoners van zuidelijk Florida.

De e-sportorganisatie FaZe Clan, waar Leonard nota bene een behoorlijke investeerder in is, en als deelnemer ingeschreven stond, distantieerde zich van de basketballer en mikte hem uit het ledenbestand.

Nadat ik over al deze ophef had gelezen, stuurde ik mijn Amerikaans-Israëlische vriend Steve Kaplan een mail. Of hij me de oorsprong en de betekenis van het gewraakte woord kon uitleggen. Hij beantwoordde de mail met een geschiedenisles. Dat Shakespeare al in de *Koopman van Venetië* een joodse zakenman een ietwat ongunstige karaktereigenschap mee had gegeven en hem Shylock had genoemd. Kaplan, een geestige democraat die ooit voor de Israëlische basketbalploeg uitkwam en sindsdien in Israël is blijven wonen, leerde me en passant nog wat scheldwoorden die ik niet kende en die hij altijd naar zijn hoofd geslingerd kreeg. 'Ik ben het gewend uitgescholden te worden vanwege mijn etniciteit... je went daar wel aan, maar het doet toch iedere keer weer even pijn.'

Terug naar de geschiedenisles. Als iemand niet eerlijk handel drijft, is hij dus een Shylock, volgens Kaplan. 'Als iemand afdingt op een prijs om iets te kopen, bestaat er in mijn taal zelfs een werkwoord voor... "to jew you down".' Opmerkelijk, had ik ook nog nooit van gehoord. In Amerika gebruikt men ook de scheldnaam Heebs, dat afkomstig is van het bijbelse woord Hebrews. En hij gaat verder: '*Kike* is een scheldwoord dat in het Engels dezelfde kracht heeft als *Nigger* voor een zwart persoon. Het is het meest negatieve en meest ordinaire scheldwoord voor een joods iemand dat ik ken en waar anderen zich van bedienen. In Amerika wordt het vooral gebezigd door "rednecks" die het woord makkelijk in de mond nemen als ze over joodse mensen spreken.' Na nog wat persoonlijke zaken groette hij met 'all the best'.

Het was een goede geschiedenisles voor me geweest en ik wist nu waarover die onnadenkende (of stomme) basketballer in Florida het had gehad.

Niet acceptabel natuurlijk, op geen enkele manier, hoewel Leonard, net als ik, naar eigen zeggen de ware betekenis van het woord nooit gekend of gesnapt heeft. Columnisten en nieuwsbeschouwers trokken die uitspraak trouwens licht tot behoorlijk zwaar in twijfel.

Leonard heeft een geschiedenis achter de rug. Opgegroeid bij pleegouders, woonde hij in een lang lichaam dat alleen voordelig was als hij basketbal speelde. Hij was niet echt goed, hij was traag, onhandig, maar door een geweldige inzet bereikte hij toch de NBA, waar hij nu voor het negende jaar een plaatsje gevonden heeft. Hij begon bij Portland en werd voor een schip vol geld naar Miami gehaald.

Verleden jaar kwam hij voor het eerst in het nieuws door te blijven staan bij het aanhoren van het Amerikaanse volkslied. Hij en Orlando Magic-speler Jonathan Isaac en de coaches Gregg Popovich en Becky Hammon van San Antonio verkozen, ieder om een eigen reden, te blijven staan, terwijl alle anderen vanwege Black Lives Matter knielden. Leonard legde dat aan de sportpers uit: 'Ik ben het geheel eens met al mijn collega's in de NBA en deel hun standpunten ten opzichte van BLM, maar ik sta, als saluut aan mijn broer die namens de USA zijn leven voor ons land in Afghanistan in de waagschaal stelt. Dat is een puur private keuze, meer niet.'

Vuilspuiers in de USA namen toen al Leonard onder vuur en deden dat bepaald niet misselijk. Opmerkelijk overigens dat Popovich en Hammon totaal buiten schot bleven; niemand plaatste vraagtekens achter hun acties.

In Leonards nadeel nog dit: hij speelde zijn game op maandag en besefte direct dat hij een uitglijder had gemaakt. Hij stopte het spel abrupt en ging 'off air', om 'zijn vrouw met iets te gaan helpen'. Pas op dinsdagavond, toen de haatmails per duizenden bij hem in de mailbox zaten, bood hij openlijk zijn excuses aan en beloofde hij beterschap. Weer met: 'Ik kende de betekenis van het woord niet, echt waar.'

Dat laatste kan. Gold voor mij ook. Anderen in mijn Nederlandse omgeving, na checken: idem dito. En kende u, lezer dezes, de betekenis wel?

Nee, ik verdedig Leonard niet, hij maakte een ongepaste, stomme, racistische opmerking. Tijdens het spelen van een videospelletje, waarin hij kennelijk iets doms deed. Omdat er anderen meekeken en meeluisterden ging Leonards uitspraak viraal en beheerste die voor anderhalve dag een klein hoekje van de sportpagina's en programma's.

Er was zelfs een cynicus die stelde dat Leonard vooral de pineut was omdat er in de twee dagen na de NBA All Star Game geen competitiewedstrijden werden gespeeld en er geen ander basketbalnieuws was. Dat laatste ging me te ver, maar bewees wel dat er sprake was van zoveel zielen, zoveel meningen.

En ik kreeg dus een buitengemeen aardige geschiedenisles vanuit Tel Aviv. Van een joodse man die ik enorm graag mag en die vaak genoeg met zelfspot over het jodendom had gesproken. Maar als hij zegt dat het door

Leonard gebruikte woord het ernstigste scheldwoord voor joden is in het Amerikaans-Engelse taalgebied, dan neem ik dat meteen aan.

Leonard, wonend in de USA, al bijna vijftien jaar lang onderdeel van een basketbalploeg, had beter moeten weten en liet zichzelf gaan. En ik, volger op afstand, kreeg een mooie bijles.

Ontkennen en blijven ontkennen

Het zal (waarschijnlijk) nooit anders worden: mensen in de wielrennerij die ontkennen iets met doping te maken gehad te hebben. 'Ik niet,' zingen ze in alle toonaarden en blijven daarbij.

Die arts die vroeger de renners van Team Sky begeleidde heeft in 2021 uit de losse pols gemeld dat hij ooit wat stimulerende zaken heeft laten aanrukken omdat de coach van de renners, Shane Sutton, erectieproblemen had. Sutton ontkent overigens dat hij met chemische middelen de jongeheer hoog moest houden, hij kan zich er niets van herinneren. Dokter Freeman zegt zeker van zijn zaak te zijn, net zoals alle anderen in dit nog altijd sluimerende, ingewikkelde spel, zeggen zeker te weten dat zij niets gedaan hebben. Of het nou artsen, verzorgers of renners betreft: de ontkenning komt vaak snel en klinkt gedecideerd.

Ik kan uiteraard niets bewijzen tegen deze coach. Het valt me alleen op dat Sutton in de rij van 'usual suspects' is beland en er dezelfde tactieken op nahoudt, die vóór hem door velen binnen de wielersport zijn gehanteerd.

Ik ga terug naar 1979. In de Ronde van Frankrijk, vlak bij Parijs, zit ik op een avond een luchtje te scheppen buiten mijn hotel. Twee Fransen lopen langs, zien me niet, blijven staan en bespreken iets ernstigs. Ik luister goed en hoor dat het over 'Dzjoop' gaat, onze Joop Zoetemelk. Dat er behoorlijke grote problemen met zijn ingeleverde plas zijn, en hoe moet dat nu verder? Een van de mannen is de schoonvader van Joop. Ik herken hem. Hij heeft een kleine functie in de Tour: hij houdt de reclame-banieren achter de winnende renners vast.

Twee weken later vraag ik, staande op een parkeerplaats bij Arnhem, aan Zoetemelk, die dan de Ronde van Nederland rijdt, of hij in de problemen zit vanwege een paar lelijke afwijkingen in zijn urine. Joop ontkent, een beetje heftig maar wel duidelijk: natuurlijk niet.

Die dag staan we bij de NOS vaak in contact met het hoofdbureau van de UCI. Over deze affaire dus. De mensen in Zwitserland zeggen ons dat we moeten wachten met het brengen van het nieuws tot ze 100 procent zeker zijn van hun zaak. 's Avonds om even voor elven worden we gebeld. Het is waar: Joop is positief.

We brengen het nieuws met bronvermelding in de wetenschap dat dit niet heel vaak voorkomt; dat je vol gesteund wordt door de betreffende wereldsportbond.

Het vervolg is bekend: Joop blijft ontkennen, andere renners zijn woedend en praten niet meer met de NOS, het wielerpubliek gooit de ramen van onze koersauto in en wij van de NOS werden bespuugd onder de woorden: 'Blijf met je gore poten van onze Joop af! Kolere NOS!'

Vele jaren later neemt Joop, nog altijd onze Grote Wielerheld, me even apart en vraagt: 'Hoe wist jij dat toen?'

Ik leg hem dat uit en hij knikt begrijpend. Zijn knikken is zijn antwoord. We hebben het er nooit meer over gehad. De tijd heelt vele wonden, naar blijkt.

Jarenlang ontkennen, even gespeelde boosheid, nog meer ontkennen en dan opeens in tien seconden uitgesproken. Ja, ik heb Joop nog vaak meegemaakt. Hij had een snelle, mooie Mea Culpa voor me klaargelegd en daar bleef het bij. Joop is geen man van veel woorden.

Zo gaat het, denk ik, in al die gevallen, bij al die renners en doctoren en verzorgers: ontkennen en nog meer zwijgen, doofpotten zoeken en ja, heel soms, voor heel even, een heel korte hoofdknik als bevestiging. Die hele wielerwereld reed in hetzelfde peloton en kende dezelfde mores. Ontkennen, liegen en blijven zwijgen liggen in de wielerwereld in één bed. Zo soms moet dat bed verschoond worden.

De Blues van een koning

In feite klinkt het als 'de blues', gruizige muziek, een levenslied verpakt in tragedies en menselijke problemen.

Pardon?

Ja, de clubs die Hans de Koning (Rotterdam, 5 april 1960) trainde. Zet ze op een rij, lees ze langzaam op, liefst in C of in 'blue notes'. Klagerig qua klank dus.

Ik heb nooit de indruk gehad dat Hans de Koning een klager was. Sterker, ik dichtte hem een reële kijk op zaken toe, omdat ik ooit deze uitspraak van hem onder ogen kreeg: 'Als het niet klikt moet je niet willen dat je lang aan elkaar vastzit.'

De Amerikanen hebben er een tegeltjeswijsheid over: 'Coaches are hired to be fired.' En zo is het ook, in iedere sport.

De Koning, ooit een uitstekende keeper van AZ en Twente, werd na zijn actieve voetbalcarrière trainer. In de verre slagschaduw van groot succes, rijke sponsoren, grote selecties en dik betaalde vedetten, werkte hij zich zeventien slagen in de rondte om zijn ploegen behoorlijk voetbal te laten spelen.

Zijn laatste club was vvv Venlo en zijn aftocht was o zo kenmerkend voor de geldende moraal in de betaaldvoetbalwereld. Het is immers eenvoudiger een coach de zak te geven dan twintig lummelende, luie profs de wacht aan te zeggen.

De Koning weet daar alles van. Binnengehaald worden als een nieuwe redder, in de rug gesteund totdat er vier maal achtereen verloren wordt, korte gesprekken met de voorzitter die denkt verstand van voetbal te hebben, lasterstukjes in de plaatselijke krant, een spelersmeeting, geruchten over vertrek en dan: boem, pleite. Zoek het maar uit. Een 'dank je wel' kan er nauwelijks nog af; een snelle hand nog en of je de clubauto vrijdagochtend wilt inleveren en ja, er is al een opvolger, of althans men heeft iemand op het oog die voor een complete sfeerverandering moet gaan zorgen. Nee, namen kan de club niet noemen.

Hoe vaak De Koning zulke scènes meegemaakt heeft? Vaak. Te vaak.

Hij is nu 61 jaar oud, respect voor zijn grijze haren is er niet, voor zijn trainersdaden evenmin. Trainers zijn immers passanten, mannen die het best aarden in een kaal huurhuis in de plaats waar de club gevestigd is, mannen die ook een vrouw en kinderen hebben en daarvoor moeten zorgen, maar tevens mannen die je, bij te veel verlieswedstrijden, een flinke schop kunt geven. Letterlijk en figuurlijk.

De Koning kon VVV Venlo verlaten met nog acht wedstrijden te spelen en een fel tegenvallende reeks van verliespartijen. Zelfs een erg leuke opleving met een Griekse goaltjesdief hielp niet. De spelers van VVV Venlo waren gewoon niet bij machte goed hun vak uit te oefenen. Ze waren te beperkt.

Was dat de fout van De Koning? Was hij niet streng genoeg? Had hij niet de juiste inzichten om punten binnen te halen? Ik heb geen idee, ik constateer slechts dat hij wel heel erg makkelijk die spreekwoordelijke schop onder zijn hol kreeg.

En ja, Hans de Koning kende deze blues, hij wist wat er kwam, hij wist waarom, hij kon de lijkrede van de voorzitter (als die de durf tenminste had) uit zijn hoofd voordragen, déjà vu, all over again.

Vreemd, maar waar: ik denk dat Hans de Koning best in staat is een voetbalploeg te trainen. De manier waarop hij in het leven staat bevalt me: droge humor, zelfkritisch, voetballend naar de kwaliteiten, en gevoel voor verhoudingen. Hij coachte nooit bij rijke clubs, paste zich aan, zag enorme legers aan zeer middelmatige spelers door zijn handen gaan, promoveerde één maal en diende één maal zijn contract niet uit (beide bij Go Ahead).

Even stond zijn VVV Venlo op de dertiende plaats in de eredivisie, maar toen kwam de terugval. Hem werd weer de deur gewezen en een ongelukkige opvolger kreeg een selectie voor de neus die prutvoetbal speelde, ondanks die Griek.

En dus? De blues.

FC Twente keeperstrainer, AZ assistent, AZ ad interim, AZ keeperstrainer, Fortuna assistant, Fortuna hoofd, FC Dordrecht ad interim, TOP Oss, AGOVV, Helmond Sport, FC Volendam, Go Ahead Eagles, RKC Waalwijk, Z.A.P. Breezand, FC Volendam ad interim, VVV Venlo.

Lees deze reeks als een trage blues. Sonny Boy Williamson op kicksen.

Daar is de deur!

Ik volgde hem al die jaren en ik mocht hem en vond hem grappig en reëel. Hij zei simpel over voetbal te denken en de oefenstof en wedstrijdbesprekingen niet te moeilijk te willen maken. Hij kende zijn plaats in het Nederlandse voetbal.

En natuurlijk is vvv Venlo niet beter gaan presteren met de nieuwe man. Natuurlijk niet!

Op 27 april 2020 sprak men in Venlo van de Hans de Koningsdag (humor) en jubelde men over zijn komst. Op 15 maart 2021 pakte hij zijn spullen weer in.

Het was koel in Venlo.

Oekies blues

Mijn eerste gedachte bij het zien van de zwarte T-shirts van Oranje was: wie heeft deze tekst bedacht? Was het een KNVB-hotemetoot of was er een modern p.r.-bedrijf ingehuurd om met een strakke, 'catchy' en toch ook niet al te agressieve tekst de sportwereld verbaasd te laten reageren: 'Wow, dat is nog eens een strak standpunt... geweldig, die voetballers!' Dit alles als statement tegen de organisatie van het WK voetbal, eind 2022 in Qatar.

Kijk, de Noren deden het met 'Human rights, on and off the pitch'.

De Duitsers volgden met een mooi woord van elf letters: 'HUMANRIGHTS', hoogstwaarschijnlijk bedacht door de beste cryptogrammenmaker van Die Mannschaft.

En nu schoof Oranje aan met: 'Football supports change'. Niets mis mee. Of?

Terpentijnzeikers zullen stellen dat het 'Soccer supports change' moet zijn omdat in het (Amerikaanse) football al voldoende protestgeluiden en acties (knielen bij volkslied) plaatsvinden, maar ach... laten we ook gewoon stellen: ze hebben tenminste iets gedaan.

Topvoetballers zijn geen lieden die schreeuwend vooraan lopen bij protestacties tegen wat dan ook. Het hoe en waarom is niet recht duidelijk en leidt vaak tot discussies die in twistgesprekken, ruzies en welles-nietes ontaarden.

Voetballers zijn niet dommer dan protesterende volleyballers of opstandige basketballers. In hun wereld is het begrip 'protest' heus wel doorgedrongen, maar die hele voetbalwereld is niet gewend dat haar topspelers openlijk gaan lopen protesteren tegen hete hangijzers.

Zwijgen en toekijken is vaak de reactie van de voetbalbazen, en nu ook weer. Heeft de KNVB een werkelijk vlammend communiqué tegen de misstanden in Qatar wereldkundig gemaakt? Natuurlijk niet. Het pluche plakt immers prettig en sportbestuurders van het slag Hans Teengs Gerritsen (ooit NOC) zal je bij de voetbalbazen zelden of nooit tegenkomen; dat vraagt te veel intellectuele inspanning en vooral durf.

Ooit hadden we Oeki Hoekema, de enige profvoetballer die openlijk protesteerde tegen het spelen in verderfelijk geleide landen. Hoekema speelde in de jaren zeventig en tachtig bij zeven profclubs, waaronder PSV, Go Ahead, FC Den Haag en Cambuur. Hij was tegen totalitaire regimes en hij kwam daar ook gewoon en zelfs soms op laconieke wijze voor uit.

Met zijn principes was hij een licht in de voetbalduisternis. En donker is het er bijna altijd gebleven. Opstaan tegen de groeiende raciale problemen is gelukkig gemeengoed geworden, maar een werkelijk heftige stellingname tegen iets heiligs als het WK voetbal... zo ver is die wereld gewoon nog niet.

De meeste voetballers die ons land vertegenwoordigen hullen zich in stilte. Dat is tamelijk veilig. Over voetballen in het rijke oliestaatje Qatar, waar honderden doden zijn gevallen bij het bouwen van grote stadions zwijgt deze voetbalmassa. Ze kijken de andere kant op en denken ermee weg te komen. Dat is natuurlijk niet zo, want iedere keer dat er over dat probleem gesproken wordt, denken ook deze mannen: shit, daar begint die flauwekul weer. Tot het moment komt dat ze doorhebben dat het geen flauwekul ís. Dat proces gaat tamelijk langzaam, maar uiteindelijk dringt het door, daar ben ik van overtuigd.

Er zal toch ooit iemand van die selectie wel snappen dat zwijgen niet langer kan?

Maar als dat niet gebeurt?

Dan is het even jammer als typerend voor het morele niveau van dit gezelschap voetballers.

Hadden we nog maar een opvolger voor Oeki Hoekema; gewoon iemand die tegen de voetbalstroom in durfde te zwemmen.

De Hoogmis

Ik heb heel veel Rondes van Vlaanderen meegemaakt, ik heb er zo vaak gewerkt. Ik heb zelfs de burgemeester van Ninove ooit een bodycheck gegeven toen hij, als eerste, met een van trots glimmende kop op winnaar Jan Raas afliep, terwijl wij van de NOS net aan het winnaarsinterview bezig waren. Maar ik heb Vlaanderens Mooiste nooit belangrijker of mooier gevonden dan andere klassiekers. Dat de Vlamingen dat wel doen vind ik puur chauvinistische onzin. Vlaanderen is een mooie, zware klassieker waarbij vooral de Vlamingen, terecht of niet terecht, dat maakt me niets uit, met de borst vooruit gaan lopen.

Ze noemen deze koers 'De Hoogmis van het Vlaamse wielrennen'. Dát vind ik dan wel weer terecht, want dat de koers in deze boze tijden een gans volk gelukkig maakt, is een hemels gegeven. Zelf ben ik niet rooms opgevoed en ik heb niet zoveel op met 'geloof'. Ik geloof uitsluitend in hard werken en een flinke dosis eerlijkheid, maar dat is echt alles.

Ik ben opgegroeid met de wetenschap dat bij ons de reportage van de koers om twee uur of half drie in de middag begon en duurde tot de finish en dan moesten wij, 'den Ollanders', razendsnel terugschakelen naar de studio in Hilversum, want bij ons was wielrennen maar wielrennen en in de coulissen stonden nog ettelijke beroemde programmamakers te wachten, dus... vlug-vlug afsluiten want de wereld draaide door. Zo ging dat decennia lang nu eenmaal.

De 'coverage' was bijna altijd boeiend, soms net iets te chauvinistisch qua beeldvoering, maar heel goed te doen. Na afloop dronk je nog een snel glas en dan reisde ik naar huis in de wetenschap dat de volgende zondag het rendez-vous in Lille was. Voor Parijs-Roubaix wel te verstaan, de volgende klassieker, die me even lief was als Vlaanderen.

Dat de Belgen en wel speciaal de afdeling Vlamingen er door de jaren heen een compleet uit zijn voegen gegroeid pandemonium van gemaakt hebben, accepteer ik als een doorgeschoten gevoel van nationalisme of misplaatst chauvinisme. Maar als ik dat in Gent of Brugge zeg, dan reageren mijn Vlaamse kompanen: 'En hoe voelt het op één weekend alle schaatsritten uit Heerenveen van doorsnee wereldbekerwedstrijden uit te zenden en te begeleiden alsof het wereldwonderen zijn? Inclusief gesprekjes met hijgende, huilende of blije sportmensen.'

Dan kan ik niet anders doen dan nederig te zwijgen en te aanvaarden dat ook wij nationalistische gevoelens in de sport hebben. De Fransen dwepen met Roubaix, de Italianen zingen luid in San Remo en licht bedroefd in Lombardije, vroeger hielden de Duitsers ons voor dat de Henniger Turm in Frankfurt belangrijk was, in Limburg gloeit men op van de Amstel Gold Race, de Walen hebben hun eigen Liège-Bastogne-Liège en wij Europeanen halen massaal onze neus op voor de klassiekers in Canada (Quebec City en Montréal), om nog maar te zwijgen van het Bretonse Asterix-gedoe in Plouay.

Het is allemaal 'sportwaanzin', en ik neem het de Vlamingen niet kwalijk dat ze zo compleet en vol opgaan in hun geloof.

Heeft u weleens de Vlaamse kranten doorgebladerd in de week rond de Ronde? Veertien pagina's over de koers is niets. Omgekeerd vindt de gemiddelde Vlaming het totaal onbegrijpelijk en eigenlijk abject dat geen enkele Nederlandse krant de complete startlijst van de Ronde afdrukt. Of het traject, de stijgingspercentages van de bergjes of, daags later, de gehele uitslag.

En wij snappen weer niet dat zij niet snappen dat overdaad schaadt. Zij noemen dat geen overdaad, maar het bewijs van hun geloof; de uitslag is gelijk een pagina uit de Bijbel.

Zij bidden tot God om de Ronde door te laten gaan, ook in de huidige pandemie. Dat die arrogante Fransen, in de pas lopend bij hun president, de rit door De Hel bijna zonder slag of stoot verplaatst hebben naar de herfst en dat de Amstel Gold Race hoogstwaarschijnlijk op een besloten circuit in Zuid-Limburg wordt afgewerkt, vinden ze in Vlaanderen helemaal verschrikkelijk. Voor hen allen geldt slechts één zaak: deze koers gaat altijd door, hoe dan ook, waar dan ook. Over Berendries, Vossenhol en liefst drie maal over de Oude Kwaremont.

De VRT verzorgt de televisie-uitzending van kop tot staart, met verhalen vertellende priesters van het sportieve geluk, naar wie het overigens goed luisteren is. Nuchter bezien is het volkomen onzin om een wielerkoers van lang voor de start tot lang na de finish in z'n geheel uit te zenden, maar de VRT doet het. Iedere kilometer komt in beeld, alles wordt beredeneerd, geanalyseerd en bejubeld. En dus brengen ze deze wielerkoers op antenne zoals de Vlamingen dat alleen kunnen. Meent u bij mij enige jaloezie te proeven, dan klopt dat. Wij, volgers van het calvinistische standpunt dat soberheid ons ver zal brengen in het leven, snappen gewoon niet dat je deze koers in haar totaliteit zelfs maar durft uit te zenden. Met alles erop en alles eraan. Met commentatoren die elkaar in de rede vallen, die alle namen van de caféhoudsters langs het parkoers kennen, met analisten die alles van de koers en wattages weten (maar niet alles zeggen), met grapjassen, met doorgewinterde wielerkenners, met geweldige cameramensen die weten wat ze doen en die ook de renners kennen... beter dan wie ook.

Zij 'leven' het wielrennen en 'Vlaanderen', zoals de koers liefkozend wordt afgekort, is hun hoogmis. De gemiddelde Nederlander snapt dat nauwelijks en moet genoegen nemen met onze muizenissen in beeld en geluid. Terwijl Wuyts en De Cauwer de kopgroep met onze landgenoot Mathijs Paasschens op de tekentafel legden, spraken op de Nederlandse buis Jorge Mario Bergoglio en Alexander Rinnooy Kan wijze woorden. In *Buitenhof* wel te verstaan. Zoals gezegd: de Koers gaat in Vlaanderen altijd boven alles. Wij polderen een beetje.

Kijk naar de afhandeling van de vrouwenkoers van de Ronde van Vlaanderen hier. De NOS zond volkomen terecht het laatste spannende deel van die koers live uit, maar kwam in de problemen toen de finish naderde. Toen stond namelijk *Het Journaal* gepland. En dus schakelden we uit de finale van die wedstrijd botweg terug naar Hilversum.

Wat er niet bij gezegd werd, was dat voorafgaand aan

dat *Journaal* nog een resem aan compleet overbodige promo's voor later uit te zenden programma's en filmpjes plus wat reclame kwam, en dat alles 'pleurde' men rustig op de zender, terwijl Annemiek van Vleuten zich het schompes fietste om deze koers voor de tweede maal in haar leven te winnen. We verlieten de wedstrijd met nog 12 kilometer te rijden en kwamen pas weer in koers terug met nog twee kilometer voor de wielen. Dat is hoe wielrennen bij ons behandeld wordt.

Natuurlijk, de wereld vergaat niet als je die tussenliggende tien kilometer niet in beeld hebt, maar het is zo knullig, zo armzalig, zo benepen, zo bijna zuinig, zo calvinistisch, en vooral zo typisch Hollands. De Vlamingen snappen daar dus helemaal niets van.

Het Journaal had best om kwart over zes uitgezonden kunnen worden, maar zo denken onze televisiebeleidsmakers niet. Wij polderen ons ook door dit sportleven heen en dat is nooit anders geweest.

Het was immers maar een vrouwenkoers, het was immers maar sport. Ben wel benieuwd was er gebeurd was als Van der Poel en Asgreen op dat tijdstip hun zinderende finale hadden betwist. Gelijke behandeling? Ik denk het niet.

Voor de Vlamingen was de Ronde een van God toegewezen prachtdag. Ondanks het feit dat deze 105de editie een Deen en een Ollander gingen sprinten voor de winst, hetgeen de Vlaamse commentator een verbale uithaal van jewelste ontlokte, was het een fraaie en sensationeel spannende finale. Bijna schreeuwend liet Michel Wuyts ons horen dat een Deen de Nederlander Van der Poel versloeg. Samen hadden die twee renners immers al eerder hun eigen troetelkind Van Aart wreed op de Vlaamse wegen achtergelaten. Wie werd hier de Judas Iskariot van de koers?

Na een volle week van krankjorume bespiegelingen rond het grote duel tussen de fietsende aartsengelen Van Aart en Van der Poel was de sprintzege van de Deen Kasper Asgreen toch nog een kleine hostie voor de Vlamingen. Zelf niet gewonnen, maar wel eentje van een Belgische ploeg en dus niet die snelle jongen uit het koele en protestantse Holland die hun eigen favoriet zo had geplaagd.

Gelukkig kon Wuyts wel vertellen dat Van der Poel tegenwoordig in Vlaanderen woonde. Goddank!

Ook keepers en vedetten maken fouten

Een van mijn ochtendkranten, het *Haarlems Dagblad,* had een fraaie alliterende kop: 'Mokerslag Ajax in Arena'. Maar de onderkop was belangrijker: 'AS Roma buigt na gemiste penalty Tadic achterstand om in winst'.

In het verslag, verderop, werd de 'blunder' van de jonge keeper Kjell Scherpen besproken. Iedereen bleek het er wel over eens te zijn dat het een blunder was. Ik wil niet oordelen over de keepersfout van de jonge doelman. Ik zal niet snel een jeugdige sporter na het maken van een fout proberen af te slachten. Ga maar eens staan waar hij stond, met slechts een heel klein streepje ervaring in het topvoetbal. Hij stond er omdat Onana geschorst is en Stekelenburg geblesseerd, en als derde doelman schoof hij gewoon door.

Blijkbaar had Ajax niet de urgentie gezien om op zoek te gaan naar een ervaren extra doelman na het wegvallen van Onana, die geschorst was wegens gebruik van het verboden middel furosemide, waarvan hijzelf overigens beweerde dat hij dacht dat het aspirine betrof. Misschien waren die ervaren doelmannen er niet, maar ik heb in elk geval niet kunnen ontdekken dat de Amsterdamse ploeg er heftig jacht op maakte.

Ik vond het best sjiek van coach Ten Hag dat hij vóór het duel zijn vertrouwen in de jonge doelman zo duidelijk uitsprak. Hij deed dat op een knappe manier en het kwam sympathiek over. Of Ten Hag ook met de billen tegen elkaar heeft toegekeken als de spelers van Roma in de buurt van Scherpen kwamen, vertelt het verhaal niet. Maar als je mans genoeg bent, dan sta je achter je keuze en wijk je daar ongeacht de afloop niet meer vanaf.

De vraag voor de kijkers na afloop van deze wedstrijd was: verloor Ajax door de fout van de doelman of doordat aanvoerder Dusan Tadic een penalty miste? En mag het missen van een penalty dan ook een 'blunder' genoemd worden?

Een interessant onderwerp voor een kroeggesprek, lijkt me zo. Een dergelijke fout van een keeper blijft langer hangen dan een elfmetertrap missen, daar ben ik zeker van.

En dan nog dit: vóór het missen van de strafschop en de blunder van de keeper stond Ajax met 1-0 voor. Had Ajax 2-0 gemaakt, dan was het karakter van de wedstrijd met die voorsprong natuurlijk geheel 'anders' geworden, met misschien wel andere wisselspelers of andere tactieken. Zelfs bij de 1-1 was Ajax nog kansrijk voor de overwinning. Maar toch was het Ibanez die in de 87ste minuut met een wonderschone goal de 1-2 voor Roma scoorde. Dat was, zoals sportpsychologen weleens stellen, een gevolg van het voorafgaande.

Waarom de doorgaans zo 'cocksure' Tadic die pingel miste?

Geen idee. Het schijnt een kunst te zijn om een strafschop *altijd* te benutten. Guus Hiddink zei me ooit eens in een televisiegesprekje: 'Om een penalty te missen heb je over het algemeen twee mensen nodig: een speler die niet goed inschiet en een keeper die, om welke reden dan ook, goed reageert.' En lachend erachteraan: 'Als je naast of over schiet, kan je geen penalty's nemen en hoor je daar niet te staan.'

'En tegen lat of paal?' vroeg ik nog. Hiddink lachte: 'Dat is helemaal knap!'

We zullen er wel niet achterkomen wie in de Ajax-ploeg de schuld van de 1-2 eindstand voor de voeten gegooid kreeg, de jonge keeper of de ervaren vedette. Maar dat is ook niet zo belangrijk, je kan rustig verder leven zonder antwoord op die vraag te krijgen.

Ik hoop voor de jonge Scherpen dat hij de kans krijgt zich spoedig te bewijzen, dat hij meer opgesteld zal worden in wedstrijden die ertoe doen en dat hij geleerd heeft van zijn acties in de wedstrijd tegen AS Roma.

Niemand blundert expres en iedereen maakt fouten. Het vervelende voor mensen in topposities die fouten maken, is dat ze er ook vaak en langdurig aan herinnerd zullen worden. Een back of middenvelder die verkeerd uit- of instapt en daardoor de fout maakt, ben je echter sneller vergeten dan een poedelende doelman, helemaal als de twijfel al dagenlang rondzoemde: 'Kan hij het wel? Kan hij tegen stressvolle momenten voor zijn doel?'

Het mag niet zo zijn dat die grabbelactie tegen Roma zo stigmatiserend werkt voor Scherpen dat het zijn carrière schaadt. Ajax kocht hem met het doel hem op te leiden. Ajax had de pech Onana kwijt te raken. Ajax had de pech dat Stekelenburg niet kon keepen en dus stond Scherpen waar hij stond. En ja, hij maakte een fout, maar please, hang zo'n jongen niet aan de hoogste boom op. Zet hem snel weer op doel, steun hem, ja, maak er ook grappen over, maar praat er vooral over op een volwassen manier en bedenk dat werkelijk ieder levend wezen een fout kan maken: keepers, spitsen, premiers, stukjesschrijvers.

Ik hoop dat Tadic goed nagedacht heeft over zijn fout en wellicht kan overwegen het nemen van een strafschop aan een ander over te laten als hij zichzelf niet gedisponeerd voelt vanaf elf meter aan te leggen, aan Klaassen bijvoorbeeld, en ik hoop helemaal dat Scherpen de gelegenheid krijgt spoedig zichzelf te bewijzen. En in Rome kan Ajax de zaken rechtzetten. Nieuwe wedstrijd, nieuwe kansen.

Olympische voorrang?

Bij ons thuis heette het al weken een 'Van Rossempje': het trachten met voorrang aan een vaccinatie te komen. Nou bleek al snel dat de heel soms grappig mopperende BN'er Maarten van Rossem toch wel aan de beurt was, maar hij was even fel in het nieuws. Natuurlijk was dat vooral uit sensatiezucht (welke BN'er gaat hier voor zijn beurt?!!), want ranzigheid kent geen grenzen, nietwaar?

Terwijl dit 'grote nieuws' passeerde, speelde ook de vraag of de Nederlandse olympische deelnemers met voorrang op hun leeftijdgenoten konden worden geprikt. Iedereen snapte dat diegenen die straks in Tokio hun kunsten mogen vertonen in de aanloop naar de Spelen 'heel' moesten blijven en een groot gedeelte van mijn omgeving zei direct 'om hoeveel mensen gaat het nou al met al?', maar toch was er geen consensus en hinkten velen op meerdere gedachten. Het leek bijna een klein nationaal dilemma. De nuchtere Nederlander, die straks in juli waarschijnlijk weleens naar televisiebeelden uit Tokio zal gaan kijken en dan vooral naar wat oranje gekleurd is, moest nu ineens een mening hebben over het prikbeleid.

Ik denk zomaar dat al heel wat linkmichels in ons land op de een of andere manier voorgedrongen zijn bij het prikken en dat er best een mooi lijstje van 'Van Rossempjes' te maken is. In het fluistercircuit gingen er al namen rond uit de categorie zangers, artiesten, politici, captains of industry, profvoetballers, hoogwaardigheidsbekleders, aanstellers...

Als er werkelijk mensen waren die op basis van hun nationale (of zelfs internationale) bekendheid een paar weken eerder de mouw mochten opstropen, dan zij dat zo. Ik hoop dat die lieden tevreden waren met hun acties en voor de rest basta. Er verder nog woorden aan besteden, is al te veel.

Maar dan die sportmensen. Uitgerekend op de dag dat het onwezenlijke geklungel van AstraZeneca en Janssen zijn hoogtepunt bereikte en er overal ter wereld priksessies met die merken werden afgezegd, kwam het NOC met nieuws over TeamNL en mochten wij begrijpen dat alle Nederlanders komende zomer kunnen gaan genieten van onze sporters. Bovenbaas Gerard Dielessen van NOC*NSF stelde: 'Dat is een prettig vooruitzicht voor het publiek en goed voor de sociale samenhang in de samenleving.'

Uhhhh... hier past enig relativeren: televisiekijkcijfers van olympische sportuitzendingen bereiken nooit meer dan een paar miljoen landgenoten. Velen zijn niet in sport geïnteresseerd, kijken niet of zijn deeltijdkijkers die alleen iets specifieks volgen. Zij allen gaan iets anders doen in juli. En voor de sportkijkers gaan de Spelen pas later in de zomer leven: eerst nog even voetbal, dan nog drie weken de Tour en dán trekken we met een groep vroeg-geprikten richting reizende zon.

Het gaat om prikjes voor ruim tweehonderd Tokiogangers. Inentingen dus aan mensen die de laatste maanden toch ook al aangepaste coronaregels ten aanzien van quarantaine en reizen mochten hanteren om te kunnen trainen en aan (de weinige) wedstrijden mee te doen.

Ik vind het niet gek om alle Olympia-gangers een ietwat versoepelde leefwijze in de aanloop naar Tokio te gunnen, omdat ze toch 'in vorm' moeten zien te komen om op dat (uitgestelde) toernooi op gelijk niveau met vele internationale tegenstanders aan de start te kunnen komen. En met een constant dreigende corona in de omgeving is het slecht presteren, lijkt me.

Dielessen riep ook: 'Natuurlijk willen wij niet vooraan staan. Eerst zijn de kwetsbaren aan de beurt, dan de ouderen en het zorgpersoneel.'

Met een beetje inlevingskracht kan je stellen dat alle coaches, trainers en medisch personeel van Oranje in Tokio ook wel onder de noemer 'zorgpersoneel' gerangschikt kunnen worden, maar dat hun patiënten sportmensen zijn die op de grens van gezond, ongezond en verstandig hun sportieve kunstjes moeten verrichten. Mogen die lieden dan nu ook aan de vervroegde Pfizer?

Het is zo moeilijk om een strikte en rechte lijn te volgen in dezen en waarschijnlijk wordt die rechte lijn iedere dag wel ergens een beetje omgebogen en zijn er overal 'Van Rossempjes' te vinden. Wat de Olympische Spelen betreft gaat het nu om een hele groep kinderen van Oranje. Tweehonderd, hooguit driehonderd personen.

Van levensbelang voor de Nederlandse samenleving is het eerder prikken van de sportmensen en hun begeleiders in Tokio natuurlijk niet. Therapeutisch voor het volk lijkt het me ook al niet. De 'sociale samenhang' lijkt me elders in de samenleving urgenter aanwezig. Het meedoen aan de 400 meter in het Olympisch Stadion laat zich niet verhouden tot het bewaken en helpen van de ernstig zieke coronapatiënten in een ziekenhuis. Die artsen en al het medisch personeel verrichten boven-olympische prestaties, maar vergelijken heeft hier weinig zin. Leuk dat diegenen die gaan rennen hun prik krijgen, maar zet het niet af tegen de niet-prik van iemand uit de zorg.

Toch. Het vervroegde prikje ligt in het verlengde van het versoepelde regime voor sporters en is daarmee wel logisch.

En voor diegenen die wellicht nu met riek en mestvork de straten en lanen in trekken om te protesteren tegen dit grote onrecht, zeg ik: denk rustig na. Beschouw de situatie zoals die werkelijk is, verplaats je in de wereld van de topsport, laat je niet leiden door inktzwarte haatgevoelens tegenover deze groep misschien wel verwende jeugdigen die, om welke reden dan ook, voor even het beroep van topsporter hebben gekozen en dat beroep zo goed mogelijk willen uitoefenen.

Dit zijn geen ‘Van Rossempjes’, dit zijn geen professionele voordringers, dit zijn geen kleffe en enge BN’ers die al weken geleden met trots hun selfies in een prikstation maakten, dit zijn mensen die een dilemma hebben: er moet groepsimmuniteit komen voor TeamNL. Noem hen ‘gepardonneerde voorranggenieters’. Meer niet.

Oud-profrenner Michael Boogerd haalde enigszins de druk van de ketel door ergens lachend te zeggen: ‘Ik wil best wel helpen met prikken hoor... ik weet wel hoe dat moet.’

Trouw aan sport

Op donderdag 22 april verscheen ochtendblad *Trouw* met twee volle pagina's sport. Da's best veel voor deze krant. Ik was er meer dan dertig jaar medewerker en nog altijd begin ik de dag met *Trouw*. Prettige genuanceerde meningen.

De krant bevatte deze donderdag vier hoofdverhalen; alle evenwichtig, zonder sensatie en feitelijk gebracht. Ten eerste: 'Vrouwen lopen relatief harder dan mannen op nieuwe hardloopschoenen' door Willem Schoonen, redactie wetenschap. Ten tweede: 'Van der Breggen is nu voor altijd de koningin van Hoei' door Kick Hommes, redactie sport. Ten derde: 'Strijd om miljoenen gaat door na afblazen Super League' door John Graat, redactie sport. Ten vierde: 'Sanne Wevers slaagt voor ultieme mentale test' door Esther Scholten, redactie sport.

Daarnaast was er nog een ultrakorte weergave van de Waalse Pijl voor mannen en een berichtje dat de Nederlandse vrouwenvoetbalploeg Brazilië treft op de Olympische Spelen van Tokio.

Het zijn belangwekkende verhalen uit de sportwereld, op een rustige manier verteld, goed in evenwicht, zonder sensatie, feitelijk, en alle vier de stukken zijn zeer lezenswaardig en informatief.

Moet je het natuurlijk wel allemaal lezen. En wie doet dat nog, vraag ik me weleens af: rustig gaan zitten, de krant openslaan en van begin tot eind de pagina's omslaan en zoeken naar wat er van je lezersgerief is.

Mijn twee kinderen, toch opgevoed met een sportjournalist als vader, lezen geen krant zoals ik dat doe: van papier dus. Ze hebben geen abonnement, en alleen als ze er de tijd voor hebben, lezen ze vanaf een klein schermpje wat de krant brengt.

Ja, het is me een flinke doorn in het oog, maar het zij zo.

Ik kreeg vroeger voor Kerst een jaarabonnement van een krant naar keuze van mijn ouders. Oké, the times they are a-changin'.

Trouw was deze donderdag evenwichtig en verschafte me bijvoorbeeld een beter inzicht in die merkwaardige geschiedenis van de rijke voetbalbaasjes die nog rijker wilden worden.

Het behandelde twee Nederlandse sportvrouwen die een dag eerder opmerkelijk goed gepresteerd hadden, en het schoenenverhaal opende nieuwe horizonten voor mij als lezer. De nieuwe Nike-hardloopschoen (de Vaporfly) leverde verbeteringen op in de gelopen marathontijden bij beide seksen. Bij mannen werden de tijden verbeterd met 1,5 procent en bij de vrouwen met 2,5 procent. Dat vond ik interessant. Net als de regel '4 procent winst in energieverbruik betekent niet dat je ook 4 procent tijdwinst hebt'. Verder werd gesteld dat wetenschappelijke onderzoekers er niet achter kunnen komen hoe nu precies die tijdwinst tot stand komt. Ja, het komt door een carbonplaat in de zool en niet alleen Nike gebruikt die nieuwe techniek, ook andere schoenmerken werken nu op die manier. Die stijve carbonplaat verdeelt de krachten beter en beperkt het energieverlies in de voet, zodat de kunststofschoen een groter deel van de energie teruggeeft dan erin gaat zitten.

Net zoals de exercities van twee van de meest opvallende topsportvrouwen die ons land op dit moment kent: wielrenster Anna van der Breggen en turnster Sanne Wevers.

Van der Breggen leverde een opmerkelijke prestatie door voor de zevende maal de Waalse Pijl te winnen, Wevers deed mee bij het EK en turnde voor het eerst sinds lang weer een balkoefening die ertoe deed.

Laatstgenoemde, de turnster dus, haalde de pers gedurende de afgelopen anderhalf jaar meer en anders dan haar lief was. De naam van haar vader, turntrainer Vincent, ging nogal rond in de fluisteringen die de vrouwenturnwereld in een kwaad daglicht plaatsten.

In Bazel, waar ze een goede oefening turnde, werd haar na afloop uiteraard ook daarnaar gevraagd. Sanne Wevers zei: 'Ik denk dat we het vooral over de wedstrijd moeten hebben. Elke andere vraag is nu moeilijk te beantwoorden.'

Wijzer kan niet. Een perfecte landing, so to speak. Met simpele woorden de angel uit een dreigend hot item halen, is niet velen gegeven. Respect dus voor de jonge vrouw, die heus wel erg goed en wellicht lang heeft nagedacht over wat ze na afloop van haar oefening zou gaan zeggen.

Uit het voetbalverhaal citeer ik deze woorden van Pep Guardiola, trainer van Manchester City: 'Sport is geen sport als de relatie tussen inspanning en beloning niet bestaat. Het is ook geen sport als succes gegarandeerd is, als het helemaal niets uitmaakt als je verliest.'

Zeg dat eens tegen Anna van der Breggen of Sanne Wevers, bepaald geen grootverdieners, vergeleken met topatleten uit andere sporten of zelfs de mannen uit hun eigen sport.

Zeg dat eens tegen de mensen die bij alle loopschoenenmerken in laboratoria bezig zijn tijdwinst uit juist geavanceerde technieken van de schoenen te halen, anders dan de betreffende atleten nog beter te trainen, als dat tenminste nog mogelijk is.

Zeg dat eens tegen leden van die club van miljardairs die op weg waren een elite bolwerk te fabriceren, de Super League, met groot geld als basis voor eventueel succes.

Was dat dan nu ook al niet het geval bij de twaalf eventueel deelnemende ploegen? Jazeker, maar op een of andere manier lijkt het knetterrijke mensen een gelukzalig gevoel te geven als ze in een omgeving van andere knetterrijke zielen kunnen vertoeven en dat een van hen dan mag zeggen de meest succesvolle van alle knetterrijken te zijn in iets triviaals als een exclusieve voetballeague.

Na het lezen van die twee pagina's zette ik de 'bijvangst' van mijn gedachten en meningen op een rijtje. Hardlopers halen in de toekomst dus hun winst (en grotere premies en salarissen) uit snellere schoenen die de sportschoenenindustrie fabriceert in een 'race om de snelste schoenen' . Harder en anders trainen is hier niet van toepassing. Vergelijkbaar met de revolutie van de klapschaats dus.

Anna van der Breggen had de hulp nodig van ploeggenote Demi Vollering om tot bij de koploopster in de koers te komen, en dat is niets nieuws in haar sport. Sanne Wevers was voor aanvang van haar oefening al een 'hot item' voor de aanwezige turnpers. Zonder een seconde geturnd te hebben. Ook dat is 'déja vu', nietwaar?

En de UEFA, de voetbalorganisatie die zo heftig fulmineerde tegen de kartelvorming van de superrijken, presenteerde een nieuwe vorm Champions League, met nog meer ploegen en nog meer wedstrijden. Waarom? Om er zelf financieel beter van te worden toch?

De twee pagina's van *Trouw* waren een zeer leerzaam maar ook rustig begin van de dag. Wellicht kan het 'theologische elftal' van *Trouw* eens de werkelijke kern van het bestaan van de huidige mondiale topsport proberen te ontleden.

Dat zal niet makkelijk zijn. Sport is en zal altijd de bijna belangrijkste bijzaak in het leven blijven. Voetbaldieren willen het begrip 'sport' nog weleens door 'voetbal' vervangen. Dat is een tragische misvatting. Voetbal is ook sport, hoewel ik daar soms een vet vraagteken bij wens te zetten.

Het dilemma van kritiek

Al sinds 1966 interesseer ik me voor de NBA, de Amerikaanse profcompetitie voor de basketballers. Nog steeds wandel ik in die mooie tuin, al jaren voor Ziggo Sport.

Onlangs deed ik verslag van de wedstrijd tussen Milwaukee en Philadelphia, twee topploegen. Het werd één van slechtste wedstrijden die ik ooit zag; vol vergissingen, missers, boze coaches, balverlies, een werkelijk banaal pallet aan gemiste schoten en een alleszins verwrongen eindstand: 132-94. Het had een topwedstrijd moeten worden maar er deugde vrijwel niets van en ik zocht naar de juiste manier van verslaggeven. Moest ik de wedstrijd de wedstrijd laten en randverhalen gaan vertellen, moest ik licht cynisch gaan meedelen dat ook topsporters recht hadden op baaldagen, of moest de bijl erin?

Toen de spelers van Philadelphia van hun eerste twintig schotpogingen er achttien hadden gemist, liet ik een eerste kritische geluid los; dit leek nergens op. Hoe kon dit? Massaal even uit vorm? Vermoeidheid? Feit: twee topspelers ontbraken: geblesseerd en ziek.

Ik bleef nog wel voorzichtig, maar het spel werd steeds matiger, het gedrag van de spelers werd vervelend, een van de coaches ging lopen 'bitchen' en passfouten en gemiste acties volgden elkaar in hoge snelheid op: dit was een persiflage op topsport.

Mijn toon werd gelaten, maar kritiek lag op de loer en op enig moment kon ik niet anders dan me hardop afvragen naar wat voor wedstrijd ik in hemelsnaam zat te kijken, en met mij de Ziggo-kijker.

Mocht ik gedoseerde kritiek spuien? Moest de bijl er inderdaad in? Of moest ik (zoals ik bij Amerikaanse collega's en tegenwoordig ook bij Nederlandse voetbalcommentatoren merk) de boel gaan vergoelijken en zoeken naar een zelden voorkomende, fraaie actie. Of veel zwijgen wellicht?

Echt waar: de wedstrijd was niet om aan te zien; er werd vet gemist, gestruikeld, balverlies geleden en in het vierde kwart lieten de coaches hun 'verre bankspelers' opdraven; mannen die zelden of nooit behoorlijke speeltijd kregen en er nu ook helemaal niets van bakten.

Mijn Amerikaanse collega's bleven geheel zichzelf, geen woord van kritiek, lovende teksten voor de topscorer, geen enkele mening over het diep trieste spel, net alsof er helemaal niets aan de hand was. The show must go on, nietwaar?

Wat nu was de juiste toon? De Amerikaanse (kop in het zand) of de Nederlandse (redelijk kritisch, soms met uithalen)?

Op de vroege zondagochtend keek en luisterde ik de wedstrijd terug. Nee, ik schrok niet van mijn eigen woorden, mijn tweede ik was het met mijn eerste eens; zo had ik 'het vak' toch ook geleerd. Het was een reële benadering van wat een intens slechte wedstrijd was. Vond ik. Gelukkig vonden de drie mensen die 's nachts in Hilversum bij mij verbleven hetzelfde, maar ik gaf commentaar en zij niet.

Waarom is de Amerikaanse televisie nooit kritisch? vroeg ik me af. Mag je daar niet in je eigen soep spugen?

In de USA zijn er de mensen die voor een grote zender (ABC, CBS, NBC, ESPN, TNT) werken en die een behoorlijke mate van onpartijdigheid moeten laten horen, en er zijn veel andere commentatoren die in dienst zijn van een van de dertig NBA-organisaties. Zij, de mannen en vrouwen die daar zitten en die dus ook heel veel aan de bak moeten, bijten niet in de hand die hen voert. Je mag het eigenlijk geen journalistiek noemen. Different folks, different strokes, laat ik het daar maar op houden.

Eindelijk door het stof

'Turnbond gaat diep door het stof', zo luidde de krantenkop waarmee de Nederlandse sportwereld weer even wakker werd geschud. Om (vooral) jonge vrouwen en meisjes de edele turnsport bij te brengen heeft een flink leger aan turntrainers en coaches tientallen jaren op een walgelijke manier gewerkt. Dat was her en der ook wel bekend, maar de alarmerende geluiden van de betrokken turnsters verdwenen steeds maar weer in de onderste lade bij de turnbond.

Dat laatste vooral is van een ongekende botheid en verdient een meer dan kritische blik. Alle bestuursleden of direct betrokkenen, van welke signatuur dan ook, die dus wel ongeveer of zelfs precies wisten wat er gebeurde in de turnzalen maar die fluitend verdergingen met hun leven, moeten zich niet alleen rot schamen, maar dienen ook, op enigerlei wijze, een flink pak slaag te krijgen.

Wie waren al die mensen die, terwijl ze met de borst vooruit stoer liepen te wezen dat de turnsport toch zoveel had bijgedragen aan onze nationale topsport, zwegen als het graf; die de andere kant op keken, die een buitengemeen twijfelachtige rol speelden door alles in de doofpot te stoppen. Om dan met schoon gewassen handen nog maar weer eens een paar jaar te gaan besturen, te gaan trainen, de zaak medisch of journalistiek te volgen en dat tevreden op hun cv bij te schrijven.

Wat er zich de afgelopen decennia in die turncentra

tussen vier muren afspeelde bleef daar over het algemeen ook hangen. Er heerste een klassieke doofpotcultuur. Niet zien, betekende dat het niet bestond en als de betrokkenen dan toch te weten kwamen wat er werkelijk gebeurde, dan was 'zwijgen als het graf' het beste redmiddel om zelf niet op de brandstapel terecht te komen.

Zoals eerder gememoreerd zat turnbobo Marieke van der Plas een klein jaar geleden bij *Op1*, en vroeg de bepaald niet goed in de turnsport ingevoerde presentator Sander Schimmelpenninck haar: 'Is de manier waarop er gewerkt werd de afgelopen jaren niet gewoon de norm?' Daar kwam helaas geen antwoord op, want het programma moest door en het turnonderwerp was nu kennelijk wel genoeg behandeld. Ik weet nog dat ik, zittend in de stille kamer, naar het beeld schreeuwde: 'Ga door Sander, dit is precies de vraag die gesteld moet worden, ga door!'

Maar het item werd afgekapt. Zo zonde, en zo onbekwaam gehandeld ook door de journalistieke eindverantwoordelijke daar in die studio.

Sander, die slimme, jonge vent die gewoon goed nadacht en daarom de enige juiste, relevante vraag stelde, haakte later af als presentator van *Op1*. Hij had gelijk.

Marco Knippen van het *Haarlems Dagblad* ploos de hele turngeschiedenis uit en berichtte daar in heldere taal over. Ik acht hem daar zeer om; hij zwom tegen een sterke tegenstroom op, hij schrijft al twintig jaar over de misstanden en bleef volharden, ook geholpen door Fabian van der Pol, die over dezelfde materie schreef voor *NRC Handelsblad*. Ook hij zette door. Maar wat beiden ook opschreven, hoe duidelijk het beeld van misstanden ook naar voren kwam, vanuit de Turnfederatie bleef dezelfde vrieswind van ontkenning waaien die er al jaren waaide.

Pas na het overhandigen van het rapport 'Ongelijke leggers' van Marjan Olfers en Anton van Wijk bleek de voorzitter van de KNGU, Monique Kempff, in staat excuses aan te bieden en te stellen dat zij alle aanbevelingen gaat omarmen. Nu zij en alle andere turnbobo's werkelijk met de rug tegen de muur kwamen te staan brak een uitgebreid en goed gedocumenteerd rapport de stilte van mensen die nooit stil hadden mogen blijven, ook al wisten ze waarschijnlijk niet tot in detail wat er allemaal in hun sport gebeurde.

Deden ze dat wel, wisten ze werkelijk van de hoed en de rand maar was de doofpot hun beste verdedigingsmiddel, dan is het helemáál een schande dat het pas nu, anno 2021, voor eeuwig en altijd naar boven is gebracht. Alle bestuursleden, hoe goed en prachtig ze hun werk ook deden en hoeveel liefde ze misschien ook voor de turnsport hebben, mogen zich diep, diep schamen voor de knetterende stiltes die door de jaren heen uit hun geledingen opstegen.

Soms stonden oplettende journalisten op, maar hun hartenkreten werden heel even aangehoord en verder snel vergeten. Een mooie uitgave van het sportblad *Helden* opende even wat ogen, een boek van de turnsters Stasja Köhler en Simone Heitinga (*De Onvrije Oefening*) passeerde als een lastige oprisping, interviews met vele, vele turnsters waren voor de sportleiders geen aanleiding voor zelfonderzoek, noch die perfecte vraag van Sander Schimmelpenninck: was de manier waarop die turncoaches hun werk deden niet 'de norm'?

En waar kwam die norm dan vandaan? Ja, uit het

buitenland, uit Oostbloklanden (altijd een veilige vluchtheuvel als je in algemeenheden wilt treden); coaches uit die landen waren ook al decennia op deze manier bezig en ze waren o zo succesvol... kijk maar naar Roemenië, naar de DDR, naar de Russen...

Oostbloktrainers hevelden hun werkzaamheden moeiteloos over naar de turnwereld in West-Europa of in de USA (waar ze goed betaald werden en een heldenstatus kregen), totdat in de VS ook een serie aan misstanden opgerakeld werd en smeerlappen en machtswellustelingen betrapt werden en opgeborgen werden achter tralies. Dat alles had wellicht voor de Nederlandse turnbazen een waarschuwing dienen te zijn. Maar nee, zwijgend ontkennen of ontkennend zwijgen was steeds het antwoord.

Jammer.

Nu gaat de turnbond diep door het stof, maar dat had al veel en veel eerder moeten gebeuren. Al die bestuursleden, trainers, begeleiders en omstanders in de eerste cirkel van de turnmeisjes hadden moeten opstaan en aan de bel moeten trekken. Zij allen wisten precies wat de norm was. De turnsters stonden decennia in de kou en kregen pas in 2021 eindelijk hun gelijk.

Er gaat nu gekeken worden hoe al die meiden, gebrandmerkte vrouwen inmiddels, gecompenseerd kunnen worden. Met andere woorden: kunnen we hun een bedrag(je) toestoppen om het een beetje goed te maken? Het klinkt zo afgekloven ordinair. En ís het goed te maken? Een beetje geld als pleister op de wonde?

Ik hoorde oud-topturnster Verona van der Leur bedroefd zeggen: 'Daar gaan we dan maar weer, daar komen die verhalen weer die wij al vele jaren geleden naar boven haalden, maar toen werd er niets mee gedaan.'

Op de site van het KNGU staat te lezen: 'Alle gymsporters hebben één ding gemeen: iedereen verlegt zijn grenzen en heeft daar een flinke dosis lef voor nodig.'

Ja, ja.

Ik eindig met een citaat van Marco Knippen uit zijn krant: 'Bij ex-sporters waren – zo stelt het (thans) uitgekomen rapport vast – vernederen, beledigen, uitschelden, schreeuwen, intimideren, manipuleren, chanteren, (be)dreigen, isoleren en controleren veel voorkomend. Fysieke mishandeling werd niet geschuwd, terwijl seksueel misbruik zich sporadisch voordeed. Gewichtsproblematiek en het negeren van blessures speelden eveneens een bepalende rol.'

Je zult maar, in al die jaren, turntrainer zijn geweest... Turnbestuurder, turnverzorger of verzorgster, turnarts, turncoach, turnverslaggever, turningewijde...

Je zult, als liefdevolle ouder(s), je kind de afgelopen decennia maar nietsvermoedend op turnen hebben laten gaan. Lees bovenstaande alinea nog eens rustig na en probeer je er iets bij voor te stellen. Jonge meisjes die een mooie salto konden draaien, waren overgeleverd aan een slag mensen dat volgens 'de norm' werkte.

De norm om een topsportkoninginnetje te worden. Ter meerdere glorie van...? Zeg het maar. Van wie? Of van wat?

Het is werkelijk om van te gruwen.

Aanstellen is een vak

Van de Braziliaanse profvoetballer Neymar jr. (volledige naam: Neymar da Silva Santos Junior) herinner ik me een idiote actie tijdens een WK-wedstrijd. Hij viel, kronkelde als een zwaar aangeslagen slachtoffer over het veld, schreeuwde, huilde, vloekte, maakte misbaar tegen iedereen en leek ter plekke te gaan sterven. De rest van de wereld zag op tv de herhaling van de zogenaamde botsing met zijn tegenstander. Die was er niet. Het was een fake actie.

Neymar speelde weer eens een van zijn fabelachtig uitgevoerde toneelstukjes, hij stelde zich aan als een verwend klein kind, hij probeerde de scheidsrechter te foppen en zijn tegenstander een kaart aan te smeren, maar stond voor joker toen de hele wereld zag wat een aansteller hij was. Hij had dus vooral zichzelf met deze idioterie, die voor hem een onderdeel van zijn voetbalspel is geworden.

Hij was kampioen aanstellen: een pijntje of een zware blessure fingeren, net doen alsof zijn geraakte been ter plaatse geamputeerd moet worden, trachten zijn tegenstrever een oor aan te naaien en vooral... zelf compleet voor aap te staan. Maar of dat laatste doordringt?

Er zijn mensen die zijn wangedrag afdoen als kinderlijk gedrag. Over het algemeen zijn dat kippige voetbalfans die de voeten van de Braziliaan kussen en in hem een verlengstuk van Onze Lieve Heer zien. Zij bespreken zijn falen en feilen niet hardop; zij doen net alsof het niet bestaat, ze lachen het waarschijnlijk weg. Neymar is hun Grote Held en hij kan bij hen geen kwaad doen.

Overigens is Neymar zeer gelovig. Niet rooms, zoals je weleens hoort of leest, maar protestants, aanhanger van de zogenaamde Pentecostal kerk, in het Nederlands de 'pinksterbeweging' genoemd. En ook is van hem bekend dat hij 10 procent van zijn inkomsten aan zijn kerk schenkt, hetgeen hem siert.

Ik wil absoluut niets afdingen op zijn voetbalkunsten. Hij speelt het edele spel op een bijna fluwelen manier. Maar hij combineert grote acties met asociaal gedrag. Hij is een vervelende, aanstellerige klier van een speler, misschien zelfs wel de grootste aansteller die op de velden rondloopt. Naar hem kijken levert de laatste jaren meer ergernis op dan waardering.

Hij speelt altijd maar het heilige boontje. Geeft prachtige passes, speelt dan op grootse wijze drie tegenstanders uit, maar fingeert even later een overtreding van een tegenstander en blijft voor dood op het gras liggen. Ik denk weleens: zou hij niet weten dat de hedendaagse techniek in staat is iedere beweging van iedere voetballer, in super slow-motion nog wel, terug te halen? Zou hij niet snappen dat zijn toneelspel aangetoond kan worden door die beelden, zodat hij met zijn diep-trieste naaistreken als verliezer uit de bus komt? Zou hij snappen dat zijn constante praten met de scheidsrechter, zijn gedoe met tegenstanders, zijn bekkentrekkerij, zijn schoppen en zijn cynische lachen als anderen in het veld iets doen dat hem niet bevalt... dat dat alles weerlegd kan worden door de vertraagde herhalingen te zien en ook te horen wat hij durft te zeggen tegen scheidsrechters en tegenstanders? Zou hij überhaupt begrijpen dat hij met zijn toneelspel, zijn slachtofferspel, de kluit belazert?

Waar komt zijn stuitende superioriteitsgevoel vandaan? Waarom denkt hij dat de aarde om hem draait en dat de spelregels die bedoeld zijn om wedstrijden ordelijk te laten verlopen voor hem niet gelden?

Deze week verloor PSG in de halve finale Champions League met 2-0 van Manchester City.

Scheidsrechter Björn Kuipers leidde de wedstrijd. Hij was te mild voor sommige schoppers en bespaarde daarmee PSG een nog grotere afgang. Het is de vraag of hij alle Neymar-opmerkingen aan zijn adres gehoord en vertaald heeft, maar de inhoud van die teksten moet bepaald niet kinderachtig zijn geweest.

En dan te weten dat Neymar en zijn collega-schelders van PSG de scheidsrechter van de avond na afloop aanvielen wegens zijn vermeende gebruik van 'onoorbare taal'. Nee, als televisiekijker kon je niet verstaan wat de opgewonden PSG-spelers allemaal riepen, maar ik denk niet dat zij uit het boek *Genesis* liepen te citeren. Hun gezichtsuitdrukkingen en verwrongen mimiek bij veel van die scheldpartijen waren opmerkelijk.

Neymar heeft een ploeggenoot, de Argentijn Angel de Maria, die volkomen terecht weggestuurd werd na een ploertige overtreding op zijn tegenstander, nota bene net buiten het speelveld.

De Maria, een grote vedette in eigen land, een slangenmens op het veld, een goede voetballer zonder meer, is daarnaast een doortrapte viezerik die geen wapen schuwt om te winnen. Hij schopt, houdt vast, trekt, duwt, scheldt, rotzooit en manipuleert. Terwijl hij aardig kan voetballen en die andere eigenschappen toch helemaal niet nodig heeft om een ster op het veld te zijn. Maar net als bij Neymar ontbreekt het De Maria hoogstwaarschijnlijk aan de broodnodige herseninhoud als hij voetbalt. Zijn strafacties tegen mannen van de tegenpartij zijn dom, stom en erger en tonen m.i. aan dat De Maria niet echt nadenkt vóór of tijdens zo'n stupide, botte en vaak levensgevaarlijke actie.

Nogmaals: na zijn overtreding mocht hij inrukken. In de wetenschap dat zijn contract bij PSG op 30 juni 2021 afloopt, zal hij zich van vervolgacties op die krankzinnige overtreding bij zijn clubteam niet veel aantrekken.

Spelers die dit soort overtredingen willens en wetens en ongegeneerd ten overstaan van de gehele meekijkende sportwereld maken, mogen wat mij betreft ook voor een jaar of wat geschorst worden. Op enige manier moet hun toch duidelijk gemaakt worden dat dit proletengedrag niet op het veld thuishoort...

Of hoort het er juist wel bij? Mag je schoppen, slaan, spugen, vasthouden, mag je beledigen, mag je een tegenstander de wedstrijd uit knallen, mag je als een verwend kind de gehele wedstrijd lopen zeuren, mag je alles doen, álles, om de wedstrijd in jouw voordeel te beslissen?

Ik denk het niet, maar de heren Neymar en De Maria houden er blijkbaar een andere mening op na. Zij lopen bij voortduring de wereld (en zichzelf) te belazeren door hun aanstellerij en zijn een verlepte schim van een sporter.

En er staat altijd wel weer een andere rijke club op die hun mega-salarissen uitkeert en hoogstwaarschijnlijk leeft men in de hoogste echelons van het voetbal in de wetenschap dat deze ontsporingen eerder de norm dan een uitzondering zijn en dat zwijgen het beste lapmiddel is.

Geen enkel mens op kicksen is heilig, iedereen schopt weleens, iedereen doet zichzelf beter voorkomen dan hij of zij in werkelijkheid is, ik kan dat ook billijken, maar de manier waarop dit 'edele' tweetal zichzelf en hun club PSG te kakken zette tegenover de hele wereld was stuitend. Aan iedere vedette zit uiteraard wel een schroefje los, maar dit schrikbarend ordinaire gedrag van deze mannen was voor mij in ieder geval een brug te ver. Wie de sfeer op een speelveld volkomen verpest, behoort niet thuis in de sportwereld.

Toch accepteert de grote voetbalwereld dit alles. Wij noemen de heren Neymar en De Maria voetbalhelden, terwijl ze eigenlijk nog steeds de straatschoffies zijn die ze ooit in Brazilië en Argentinië waren. De kleine straatbengels werden grote, rijke vedetten, maar in hun bovenkamer kan soms ineens kortsluiting ontstaan.

Als beide heren ooit bij de Grote Poort van Petrus aankomen zal die toch een videorecorder aanzetten en een korte samenvatting van hun idioterieën afspelen. Petrus zal zeggen: 'Wat denkt u heren? De linkerdeur of de rechter?'

Beiden zullen een triple-platina creditcard trekken, waarop Petrus hopelijk zal zeggen: 'Die geldt hier niet.'

Spannend vooruitzicht

Er bestaat een foto waarop te zien is dat wielrenner Tom Dumoulin een behoorlijke timmerman/dakbedekker is. Hij werkt met ex-wielrenner en freelance verhalenverteller Bram Tankink aan het dak van de schuur die bij het huis staat van ex-renner en semi-filosoof (bij Eurosport) Karsten Kroon.

Wist u overigens dat Kroon heel veel van vogels weet en daar met plezier minutenlang over kan vertellen in de uren en uren durende reportages van de Giro d'Italia? Het leuke van Kroon is dat hij een heleboel zaken van het leven belangrijker vindt dan het 'trekken aan een krom stuur', zoals Jean Nelissen ooit wielrennen definieerde.

Terug naar Dumoulin, de tijdelijk gestopte Jumbo-Visma-renner, die in april bij de Amstel Gold Race-op-een-circuit, als een soort mystery guest, aan de kant van de weg mocht staan. Koersdirecteur Leo van Vliet had de net over de grens in België wonende Dumoulin als eregast uitgenodigd de koers van tamelijk dichtbij te volgen, mits hij een vlaai meebracht.

Tijdens de wedstrijd werd Dumoulin even in beeld gebracht; hij leek wel een bezienswaardigheid zoals hij daar aan de kant van de weg stond, een bijna buitenaards wezen, dat met een mondkapje op stond te kijken naar een bezigheid die hem in een vorig leven ook had beziggehouden: het hard fietsen over Gods wegen.

We zijn nu een tijd verder en een soort chemische

reactie in het sympathieke brein van Dumoulin heeft ertoe geleid dat hij de dunne draad die voor hem klaarlag langs die wegen van het opperwezen, gevonden heeft en zelfs heeft opgeraapt.

Hij wil graag olympisch fietsen in Tokio en dat zal dan gebeuren (als Tokio doorgaat) gedurende de laatste dagen van juli. Hoezo die twijfel over het doorgaan? Omdat ik gealarmeerd werd door de uitspraken van de Japan-kenners annex tennissers Osaka en Nishikori, twee topsporters die zware vraagtekens plaatsten bij het doorgaan van de complete Olympische Spelen in Japan. Waarschijnlijk was dat gevoed door het groeiende verzet tegen de Spelen van het Japanse publiek, dat het 'vrolijk sporten' van de wereldjeugd in een door coronaproblemen overheerste Japanse maatschappij eigenlijk helemaal niet ziet zitten.

Maar laten we vooralsnog aannemen dat er een heel steriele uitvoering van die Spelen zal plaatsvinden en dat Dumoulin daar dus werkelijk kan rijden namens het Koninkrijk der Nederlanden, stel dat hij 'benen heeft', zoals dat heet. Met welke gevoelens gaan we dan naar beelden uit Tokio kijken?

Dumoulin wil daar graag rijden om duidelijk te maken dat zijn retraite van een paar maanden geen definitief vertrek uit de wielersport was en dat hij van zijn tweede, derde en vierde ik de opdracht heeft gekregen toch nog maar eens zijn lijf op heroïsche wijze af te gaan beulen in training en wedstrijd en om daarmee voor zichzelf duidelijk te maken dat het waakvlammetje in zijn bestaan als topwielrenner nog best even kon oplichten.

Good for him, dacht ik toen ik dat nieuws hoorde. Het leek mij overigens dat zijn ploeg (die wij thuis bijna liefkozend 'De Jumbo's' noemen) nogal schrok van de keuze van de Maastrichtenaar. Ze dachten vast: hemelse goedheid, waar komt ons probleemkind nu weer mee?

Er zijn wel meer topsporters geweest die, ergens midden in hun sterke jaren, ineens en verrassend een dik vraagteken achter hun hele bestaan hebben gezet. Velen van hen zijn blijven twijfelen en zijn nooit meer op hun oude niveau teruggekomen. Omdat zij in hun geest al bijna afscheid hadden genomen van hun sportleven, kon die geest de knop niet meer terugdraaien en bleef die hen bij voortduring kwellen.

Dumoulin is een intelligent en volgens mij ook gevoelig mens. Hij kent zijn lijf, hij kent de sport waarin hij terecht is gekomen en hij kent het regime van de topsporter nog. Hij wil kennelijk uit de cocon van afwachten en twijfelen stappen en weer terugkeren naar het spijkerharde bestaan van profrenner. Misschien maar voor heel even, bedacht ik me. Misschien wel voor een bijrol in de wegwedstrijd waarin hij de spieren op spanning kan houden en daarna op de tijdrit. En dan? Fini?

Het rijden van een perfecte tijdrit (wat hij van zichzelf zal eisen) is geen sinecure. Alles moet perfect zijn: voorbereiding, training, voeding, materiaal, geestelijk evenwicht en de beste benen ter wereld. Dumoulin weet dat het circuit in Fuji tamelijk gruwelijk is om te bevechten: het kent klimtrajecten en afdalingen, is verre van vlak en dus lastig, zeer lastig.

Het grappige is wel dat Dumoulin juist op dit soort parkoersen goed uit de wielen kan, zoals hij eerder bewees. Echter, resultaten behaald in het verleden... Juist, in datzelfde verleden gaf hij ook bijna de pijp aan Maarten.

Eerder telt niet, zegt u? Misschien is dat zo, maar nu hij de beslissing heeft genomen om door te gaan en zich weer honderd procent op deze koers te storten, kan hij niet meer terug. Op 24 juli (één dag na de officiële opening van de Spelen) mag hij de wegwedstrijd als opwarmertje gebruiken, om vier dagen later 'vol te gaan knallen' over 44 kilometer.

Wat zich ooit eerder in zijn geest afspeelde doet er in die rit van goed drie kwartier niet meer toe: hij mag geen twijfels meer toelaten, hij heeft nu gekozen voor een complete overgave aan zijn ambitie om een goede tijdrit af te leveren, geen enkel excuus telt nog, klagen heeft geen zin, nu moet het gebeuren.

Topsport op dit hoge niveau kan soms wurgend eng voor een mens zijn; slechts zij die dit geestelijk aankunnen, kunnen slagen. Dumoulin heeft, terwijl hij misschien wel aan het timmeren was in de schuur van Karsten Kroon, besloten die uitdaging met zichzelf toch maar weer aan te gaan.

Het zal geen makkelijke opgave zijn voor hem. Alles moet kloppen, er mag geen radertje stroef draaien en hij zal zichzelf testen zoals nooit tevoren. Slaagt hij, dan is het prima.

Ik wil daarmee niet per se zeggen: 'Alleen als hij wint, dan is het goed.'

Men zegt wel dat op het allerhoogste niveau van topsport winnen het enige is dat telt. Tweede worden op 3.79 seconden achter de winnaar heet al verlies te zijn. Ik voorzie een nederlaag tegen die dekselse Primoz Roglic, die onpeilbaar in zijn acties is. Maar als Tom Dumoulin, in het bezit van al zijn verstandelijke vermogens en met goede benen, er op dat moment alles uithaalt en geen goud wint, heeft hij toch bereikt wat hij wilde bereiken. Hij heeft immers tijdens de tijdrit geen kennis en inzicht in datgene wat zijn concurrenten doen of als voorbereiding gedaan hebben. Als alles eerlijk verloopt, zal niemand 'flink geladen' met onvindbare middelen rijden, maar je weet het nooit, nietwaar?

Tijdrijden is een solo voor een enkeling, afgezet tegen de tijd van een andere enkeling in diens solo. Wie het hardst trapt, het langst een superieure cadans vasthoudt, de meeste inhoud heeft en verschoond blijft van materiaalpech of ineens opkomende tegenwind, krijgt wat hij verdient. Geestelijk heel blijven, het verdrijven van twijfel en het counteren van zware fysieke pijn in de tijd dat hij op die supersonische fiets zit, is een vereiste.

Dit hele proces, vanaf nu tot straks na de finish, zou ik liefst allemaal in een film willen terugzien. Ik ken wel mensen die zo'n film willen en kunnen maken.

Het gelijk van een tennisspeelster

Het heeft even geduurd, maar de kentering kwam toch: na eerst vol ongeloof de Japanse tennisspeelster Naomi Osaka te hebben bekritiseerd omdat zij na haar overwinning in de eerste ronde weigerde met de pers te praten op Roland Garros, zijn velen na goed nadenken van mening veranderd. Osaka, de nummer 2 van de wereld, had inmiddels na alle commotie het toernooi verlaten. De Serviër Novak Djokovic toonde eerst onbegrip maar excuseerde zich al snel voor zijn opmerkingen en wijzigde zijn toon. De Spanjaard Rafa Nadal hield wél vast aan zijn standpunt: Osaka moest gewoon op persconferenties verschijnen. Waarom de twee toptennissers überhaupt reageerden is me een raadsel. Zat Osaka te wachten op de mening van Nadal? Van Djokovic en van al die scheldende mensen die haar vanaf de flank verbaal (en anoniem op de sociale media, ronduit racistisch) aanvielen?

Vraagt ieder probleem in onze samenleving om een reactie van 'een beroemdheid'? In de Amerikaanse sportsamenleving krijgt iedereen die iets opvallends doet commentaar van profbasketballer LeBron James; iedere dag weer. Hij heeft besloten te reageren op iedere daad van iedere min of meer bekende sporter in de wereld. Dat is soms onuitstaanbaar, maar dat deert hem niet; hij vindt dat zijn mening ertoe doet en gaat er onverstoorbaar mee door. Begrijp me goed: ieder mens is vrij opmerkingen te maken over (uitspraken van) een ander, als dat maar in betamelijke taal gebeurt.

Ik heb zitten nadenken over de storm van kritiek die de Japanse kreeg en de latere ommezwaai van haar critici. *Trouw*-columnist Ephimenco schreef een boeiend betoog over de Japanse en haalde daarin woorden aan van de Nederlandse ex-tennisser John van Lottum, die stelde dat Osaka van God los was en diva-gedrag vertoonde. Dat mocht hij zeggen, maar was het ook ergens op gebaseerd? Het bleek behoorlijk misplaatst, zoals de verdere gang van zaken rond Osaka later uitwees. Hou dan toch maar liever je mond, als je de achtergronden niet kent.

Ik refereer graag aan twee opmerkingen die de heren journalisten in de perszaal van Wimbledon ooit loslieten op twee vrouwentoppers-in-spe. Ja heren, want er waren in die dagen weinig vrouwen in de perskamer. De toen zeer jonge Canadese speelster Eugenie Bouchard kreeg de vraag: 'Denkt u niet dat u op de lange termijn meer gezien zal worden als een sekssymbool dan als tennisspeelster?' Bouchard keek de vragensteller verbaasd aan; wat moest ze hier in vredesnaam op antwoorden? Ze haalde haar schouders even op en zuchtte. Die scène vond plaats in 2013.

In 2004 kreeg Maria Sjarapova, ook op Wimbledon, de vraag: 'U bent nu een pin-up girl. Vindt u dat een prettig gevoel, krijgt u daar een kick van?' Ook hier was het een man die dit durfde te vragen, met zelf waarschijnlijk een klein hard wordend piemeltje. Ook hier bleef de tennisspeelster stil en keek de man peinzend aan.

Wat Osaka via Twitter verklaarde is dat ze last van depressies heeft en niet goed in haar vel zat en daarom confrontaties met groepen journalisten liever mijdt omdat die haar onzeker maken. Ik vind dat ze dat recht heeft. Om nog even terug te komen op dat artikel van Ephimenco in *Trouw*: het feit dat ze heel veel geld binnenharkt met buiten-sportieve handelingen verplicht haar niet om in zo'n zaaltje te gaan zitten om die soms merkwaardige vragen aan te horen. Die plichtpleging is haar opgelegd door tennisbazen en sponsoren en anders niet. Individuele sporters kunnen niets tegen deze regelgeving inbrengen, terwijl sporters soms best recht hebben op uitzonderingen, zoals Osaka claimde.

Er zijn talloze sportmensen, wereldtoppers, veteranen, jonge sterren en puissant rijke sportlieden geweest die hun mond hebben gehouden tijdens persconferenties. Ik herinner me nog een Willem van Hanegem-antwoord: 'Op zo'n idiote vraag antwoord ik niet.' Bernard Hinault kreeg ooit in Nantes de vraag voorgelegd of hij de gereden etappe dopingvrij had gereden. Hij wachtte even, lachte schamper en draaide zich om. Wat had hij moeten zeggen? 'Mais naturellement!' of 'ça je ne sais pas.' ('Maar welzeker,' en 'Dat weet ik echt niet.')

Heel weinig sporters kunnen met onzinvragen omgaan. De Deen Bjarne Riis was er goed in en ging vaak een woordengevecht aan, de Spanjaard Miguel Indurain hield zijn kaken dan stijf op elkaar en keek de vragensteller alleen maar zwijgend aan. Johan Cruijff zei eens tegen een man die hem vroeg of hij niet liever vier dan twee doelpunten had willen maken: 'Nou, wat dacht je?' en Sven Kramer haalde ooit uit na de vraag of hij na een matig gereden tien kilometer 'teleurgesteld was': 'Nee, helemaal niet, ik zit hier als een totaal blije sportman.' Waarna hij zich demonstratief omdraaide.

Misschien dat de actie van de Japanse tot een verandering gaat leiden. Ik hoop dat ze goed opknapt en er geen mentale of andere schade aan overhoudt. Wat Nadal ook roept, zij heeft het recht voor zichzelf op te komen, ondanks het feit dat de tenniswereld sporters verplicht op persbijeenkomsten te verschijnen. Ze kreeg er sowieso een boete van 12.000 euro voor.

Wel vond ik haar manager te gemakzuchtig in deze kwestie. Een wat meer doordachte en professionele begeleiding en afhandeling was op zijn plaats geweest. Hartverwarmend was de reactie van Serena Williams, die zei: 'Ik zou haar zo graag een arm om de schouders leggen en haar als steun een dikke knuffel geven.' Een heel andere tekst dan van Nadal.

De Britse journalist Jonathan Liew stak de hand in eigen boezem in *The Guardian*: 'Kijk de perskamer rond, wij, de schrijvers, zijn bepaald niet de *good guys* hierbinnen. (...) Een van de beste vrouwelijke topsporters van de wereld trekt zich liever terug uit een grandslamtoernooi dan dat ze doorspeelt en tegenover de verzamelde pers hier verplicht verklaringen moet afleggen. [Het is] wellicht waardevol dat wij, de andere bewoners van deze perszaal, ons afvragen wat dit over ons en ons vak zegt.'

Om af te sluiten met Hein Vergeer, in 1985 en '86 twee jaar achtereen wereldkampioen allround schaatsen. In Inzell, na een fel bevochten titelstrijd, stond hij op zondagmiddag eerste en was kampioen. Een aardige collega vroeg hem zonder blikken of blozen: 'En Hein? Blij?' Vergeer keek hem strak aan, trok een snoetje en antwoordde koel: 'Nou nee, valt reuze mee, hoor.'

Onbekend en bemind

Zeg nou eerlijk: u wist voor het toernooi op Roland Garros toch ook niet wie Barbora Krejcikova was? Zelf wist ik alleen dat zij uit de Tsjechische republiek kwam, maar dat was het. Ik kijk graag naar tennis, maar zij was mij nooit opgevallen. Nog zoiets: als iemand u had verteld dat deze jonge vrouw al drie maal een grand slam dubbeltitel had gewonnen (twee maal bij de vrouwen, één maal gemengd), dan had u wellicht geknikt en ietwat afwezig 'dat zal wel' gezegd. Had u geweten dat ze nooit in de top twintig heeft gestaan? Vast niet. En had u geweten dat ze verleden jaar om de ranglijstpunten te verdienen op totaal onbekende 'Challenger-toernooien' speelde omdat ze buiten de top-honderd was gevallen? Nee, natuurlijk niet.

Ook in de grote tenniswereld was ze een onbekende gebleven, ondanks haar goede presteren in de vele dubbeltoernooien. Het klinkt oneerbiedig, maar ze was een van die vele twintigers uit Tsjechië die het in het profcircuit wisten te maken en een iets bovenmodaal sportbestaan kunnen leven; in haar geval wordt dan gewezen op de ruim drie miljoen die ze in haar profcarrière bij elkaar heeft gespeeld. Voor een onbekend meissie is dat zo gek nog niet, maar in haar wereld is ze geen grootverdiener, alhoewel haar bankrekening ineens een flinke 'boost' zal krijgen door haar prestaties op Roland Garros 2021.

Ze speelde de halve finale tegen de Griekse druktemaker Maria Sakkari en liep als blije winnaar weer weg. Richting televisie-interview, waar de Zweed Mats Wilander, een van de beste tennis-analisten ooit, haar overlaadde met complimenten. Hij wist dat één opmerkelijke partij voor het oog van de wereld van een onbekende sportvrouw nog geen vedette maakte.

Geboren in Brno begon ze op 6-jarige leeftijd een beetje tegen een bal te slaan en bleef daarna spelen en reizen. Op zeker moment klopte ze aan bij haar landgenote Jana Novotna. Dat was een icoon, maar wel een heel speciale; de in 2017 te jong overleden Novotna (49 jaar) was een topspeelster die het op belangrijke momenten even niet meer wist en in grote finales ten onder ging aan haar onzekerheden. Haar tranen op Wimbledon 1998 en de prachtige manier waarop de hertogin van Kent haar troostte (een hoogtepunt bij tennisceremonies), maakten haar een geliefde sportvrouw. Dat sprak ook Krejcikova aan en daarom ging zij als 18-jarige naar het huis van Novotna en belde aan. Er ontstond een vriendschap of beter: een bondgenootschap. Daarmee is ook verklaard wie ze in gedachten had toen ze na haar zege in de halve-finale in Parijs naar de hemel wees.

Het had weinig gescheeld of ze had die finale niet gehaald. Een grote blunder van stoelscheidsrechter Pierre Bacchi zorgde ervoor dat ze eigenlijk twee maal de slopende driesetter (de twee vrouwen stonden drie uur en negentien minuten op de baan) moest winnen voordat ze zich finaliste mocht noemen.

De Fransman wees de verkeerde balafdruk aan toen hij moest oordelen of een bal 'in' of 'out' was en ondanks het herhaalde 'No, no, no, no' van de Tsjechische bleef hij zeker van zijn zaak en riep dat de bal duidelijk zichtbaar op de lijn was gekomen. Computerbeelden weerlegden later de woorden van de referee; hij zat er dik twee centimeter naast.

En over dat onderwerp sprak Krejcikova na afloop van haar partij met Wilander. Ze zei: 'Ik wist op de baan dat ik gelijk had, maar omdat hij in die stoel is gezet om de wedstrijd te leiden, voelde ik ook aan dat ik geen enkele kans had. Ik wist zeker dat de bal uit was, maar hij wist dat ook zeker en had dus het gelijk van de referee. Dat vond ik heel erg onrechtvaardig. Waarom is hier geen Hawk-Eye technologie? Dat vraag je je dan toch af.' Heel even pauzeerde ze. 'Ik nam me voor dit snel van me af te zetten en op zoek te gaan naar een volgende kans om de wedstrijd te winnen. Dat was het enige dat me kon helpen. Dat hij een blunder maakte, wat kon ik daar verder mee? Niets toch!'

Dat was het moment dat Wilander, spreekwoordelijk, zijn vaderlijke arm om haar schouders legde en haar complimenteerde voor zoveel wijsheid op zo'n moeilijk moment in de wedstrijd. Hij roemde ook haar onverzettelijkheid en vooral kalmte.

Ik, als toeschouwer via het blauwe oog, kon het alleen maar met Wilander eens zijn. Zoiets zie je niet al te vaak in de brij aan clichés en non-informatie die tot ons komt uit de monden van veel sportmensen. Waarom was deze vrouw, die in de voorgaande partijen in Parijs met speels gemak de Amerikaanse meiden Sloane Stephens en Coco Gauff had verslagen, door niemand opgemerkt? Omdat ze een stille, onopvallende verschijning was? Omdat ze niet zoveel water maakte als haar Griekse tegenstander in de halve finale? Omdat ze sober speelde, met veel lange slagen, geen bravoure in haar spel, geen snoeiharde service of fancy slagen?

Omdat ze zich soms bediende van die oersaaie 'moonballs', omdat ze geen 'belle' of 'beauty' genoemd werd door de ranzige tennispers? Omdat ze steady haar wedstrijden speelde, in tamelijk onopvallende kledij en op normaal schoeisel? Omdat ze helemaal niet op een topsportvrouw leek? En toch is ze dat. Wij vergeten te gauw dat er ook topsportvrouwen van het rustige slag Barbora Krejcikova bestaan.

Onduidelijkheid troef

Op 23 juli 2021 moeten de Olympische Spelen in Tokio beginnen. Dat is een feit, maar hoe zeker is dat ze doorgaan? Waarom komen er van diverse kanten dreigende teksten van 'kenners' dat het een bijster slecht idee is die Spelen (die verleden jaar al voor een jaar werden uitgesteld) alsnog weer af te gelasten? Weten de mensen die de waarschuwende vinger heffen meer dan de Japanse organisatoren?

Neem bijvoorbeeld dr. Michael Baker van Otago University in Dunedin in Nieuw-Zeeland, die de volgende waarschuwing de wereld in stuurde: 'Het zou werkelijk absurd zijn onder de omstandigheden van nu de Spelen te laten doorgaan.' Baker was een van de leidende figuren in de weldoordachte en steengoed uitgevoerde afsluiting van Nieuw-Zeeland, die ervoor zorgde dat dit land heel weinig te lijden kreeg onder het Covid-19 juk. Hij wees op de beweging van waarschijnlijk 100.000 mensen binnen Japan die naar de Spelen zullen reizen en dat aantal was voor de wetenschapper een gruwel. Hij zei: 'Bekijk het simpel. Er komt toch een golf aan mensen van diverse pluimage en komaf in de stadions. Dat zijn twee belangrijke onderdelen van het ontstaan van een Covid-uitbraak: reizen en samenscholen. Ik raad het de organisatoren ten zeerste af de Spelen door te laten gaan.' Wat zeer goed werkte in zijn eigen land, zou ook moeten gebeuren in Japan, maar of die gedachte klopt, weet niemand. Kan en mag je de beide landen vergelijken?

Een tweede opmerking kwam een paar dagen geleden van advocaat Dick Pound, het Canadese IOC-lid dat nog weleens stof deed opwaaien als het om knelpunten in de internationale sport ging. Pound stelde dat hij zijn reis deze week al definitief geboekt had, dat de tickets klaarlagen en dat dat dus wel het bewijs was dat de Spelen door zouden gaan. Een typische Pound-uitspraak, die zichzelf hier op een wel erg hoge stoel plaatste.

De internationale sportwereld leeft thans in onzekerheid. De Japanse krant *Asahi Shimbun*, onderdeel van een vooraanstaande nieuwsorganisatie, meldde dat men, hoewel officieel partner van de olympische organisatie, het doorgaan van de Spelen een slecht idee vindt. Dat delen van Japan nog in een grote en zware lockdown werden gehouden, met kans op verlenging van de bijbehorende maatregelen, was voor de krant reden de wereld erop te wijzen dat de kans op een grote Covid-19 uitbraak reëel is.

Stel dat IOC-voorman Thomas Bach en alle Japanse hotemetoten toch besluiten 'vrolijk' te gaan sporten, wat voor Spelen krijgt de wereld dan voorgeschoteld? In ieder geval een tot het minimum gestripte sportwedstrijd die op geen enkele manier te vergelijken valt met de Spelen uit het verleden. Vergeet volle tribunes met mensen die van over de hele wereld zijn aangereisd, vergeet vrolijke beelden, vergeet zichtbare en ook voelbare sentimenten van blijheid, van vlaggezwaai, van Holland Huizen, van jubel, van feestende sportmensen, van leuke filmpjes.

Van gezelligheid en samenzijn zal geen sprake zijn voor sportlieden die naar Japan reizen. Het komt hierop neer: aanreizen, quarantaine, gedoseerd en strikt gescheiden trainen, geen contact met anderen hebben, opgaan voor je sportieve prestatie, prijsuitreiking en hartelijk dank voor je komst, maar daar is de uitgang, reis a.u.b. zo snel mogelijk naar huis terug, liefst een paar uur na je laatste sportieve kunstje. Je roeit je race, misschien nog een tweede of derde en je kunt weer gaan. Er zijn er die 11,09 seconden hardlopen en naar huis kunnen. Uitgeschakeld, en dat is het dan.

Tom Dumoulin traint hard voor zijn tijdrit, Femke Heemskerk is in stralende zwemvorm, hockeyploegen dromen van een medaille... Aan de sporters wordt gevraagd uiterste terughoudendheid te betrachten. Geen feesten, geen jubelende polonaises, geen oranje waves door het hockeystadion, geen zuipende supporters, alleen maar tot het karkas afgestripte sport.

Dat beeld staat in schrille tegenstelling met wat de wereld nog steeds van de Olympische Spelen wenst te zien: een vrolijk, spontaan groot sportfeest van tienduizend goed getrainde sportlieden uit 200 landen, waar vreugde en verlies hand in hand gaan. De sporters hebben er lang naartoe gewerkt, voor velen is het een kentering in hun jonge leven. Ze mogen zich op olympisch niveau meten met anderen en na hun wedstrijden mogen ze heel even het befaamde olympische leven meemaken: naar andere sportevenementen gaan kijken, lol maken, doorzakken, uit de band springen en de sluitingsfestiviteiten bijwonen. Voor velen is dat een droombeeld dat zij nooit zullen vergeten en waar vele miljarden wereldburgers jaloers op zijn.

Dat alles kan nu niet, dat is zeker. De aanloop naar Tokio is er een met hobbels en onzekerheden, terwijl de organisatoren van alle nationale olympische comités overuren maken om passende reis-, train- en wedstrijdschema's in elkaar te schuiven. Neem onze nationale honkbalploeg. Pas drie weken voor de speeldatum hoorden de betrokkenen waar de ploeg hun pre-olympisch kwalificatietoernooi moet gaan spelen. In plaats van Taiwan (waarvoor alles geregeld was) werd het Florida, maar een dag of twee later alweer Mexico, maar waar precies in dat land was niet meteen duidelijk.

Moeten de Spelen doorgaan in volkomen quarantaine en in totaal uitgeklede vorm, ter meerdere glorie van het IOC en zijn regels? Ik moest terugdenken aan Avery Brundage, de oud-olympische baas die in 1972 luidkeels, hoestend en proestend, de zin 'The Games must go on' uitsprak na de Palestijnse terreuraanslag op Israelische atleten. Hij kon nooit voorzien dat zijn opvolgers om volstrekt andere redenen eenzelfde dilemma zouden hebben.

Hartwringend

Ik vraag me af wat de UEFA-bestuurders in hemelsnaam dachten toen zij na de hartstilstand van Christian Eriksen tijdens het EK-duel Denemarken-Finland zijn medespelers de vraag stelden: 'Vanavond de wedstrijd uitspelen of morgenochtend om twaalf uur? Zeg het maar.' De Deen was vlak voor rust op het veld in elkaar gezakt, gereanimeerd en afgevoerd naar het ziekenhuis. De sentimenten die door het voetbalstadion gierden, de bij tijden hartwringende close-ups van toeschouwers (Deen of Fin, dat maakte niets uit) maakten toch duidelijk dat er niet meer verder gevoetbald moest worden?

Maar dat gebeurde wel. Ja, want Eriksen had dat zelf doorgegeven vanuit het ziekenhuis en boven alles: hij leefde toch nog? Daarop zullen de voetbalbaasjes hun beslissing hebben gebaseerd. Waarbij men geheel voorbijging aan het feit dat er twee selecties met totaal ontdane spelers in het stadion stonden, die niet wisten hoe ze met deze omstandigheden om moesten gaan. Jonge kerels die geen idee hadden hoe ze hun gevoelens in de plooi konden krijgen.

De snoeiharde en o zo kille keuze die de Denen (en wellicht ook de Finnen) werd voorgelegd, gaf aan hoe de mannen achter de bestuurstafel over dit alles dachten. Doorspelen dus, jammer dat het gebeurd was, pijnlijk ook, maar 'the show must go on'. Hoe minder vertraging deze wedstrijd zou opleveren, des te beter het zou zijn;

dit kampioenschap was belangrijker dan wat dan ook. Het ontbrak deze bestuurders werkelijk aan enig empathisch vermogen.

Na de wissel in de 63ste minuut van de Deense aanvoerder Simon Kjaer, zichtbaar totaal leeg, hol en verdwaasd, had de hele voetbalwereld zich de vraag moeten stellen: 'Is het juist dat we hier doorgespeeld hebben?' Stond voetbal hier werkelijk boven alles, boven gevoelens, boven leven?

De hardliners zeggen: Eriksen leeft toch nog, hij komt er wel weer bovenop, we moeten niet zeiken, de wedstrijd is uitgespeeld. Ja, sommigen konden niet best slapen, maar kom op zeg, het is toch een prachtig toernooi.

Tijd voor monkelen en kritiek is er niet. Medemenselijkheid bestaat in deze wereld blijkbaar niet meer. Zakelijkheid prevaleert, kilte doet ons rillen.

The Rubber Games

De organisatie van de Olympische Spelen houdt met alles rekening. Zo komt er ook in Tokio weer een loket waar atleten na het tonen van hun accreditatie iets speciaals kunnen krijgen. Een plaatselijke medewerker overhandigt de hardloper, turnster, handballer, roeier, ping-pongster of volleybalster vol trots een mooi doosje. Service van de zaak, een cadeautje voor later: de wereldberoemde vijf-ringen condooms.

Er is al heel wat afgelachen over die malle rubber hulpstukken van de razendsnelle liefde. Of het nou in het roomse Barcelona was, het wilde Sydney, het swingende Londen of het broeierige Rio, als je als olympische sportvrouw of sportman in wip-modus terecht dreigde te komen, lag er altijd een ware rubberberg klaar.

Tienduizenden van die ribbelaars werden dagelijks met graagte geconsumeerd, tot er in de laatste dagen van de Spelen geen kapotje meer te vinden was en in de nachtelijke uren de plaatselijke Jumbo's en Appies moesten worden bezocht voor de broodnodige bescherming.

Dit jaar wordt rubbergebruik in Tokio niet gestimuleerd, want de anderhalve meter moet gehandhaafd worden. Er zijn smakeloze, soms licht humoristische, maar vooral platte grappen te maken over dit cadeau van de Japanners aan de sportlieden van de wereld. Die Japanners geven gratis tienduizend doosjes aan rekbaarheid mee aan de sporters die afscheid nemen. Wegens corona-gevaar geen gewip in Tokio, geen beschermd klaarkomen. Geen snelwip-competities of recordpogingen, helemaal niets. Seks, zo oordelen de Japanners, past tijdens de pandemie niet in hun leven. Leg er maar een knoop in en houd je hand er maar voor en maak thuis, buiten Japan, het doosje open.

Of je in eigen land corona oploopt, zal die Japanners verder een zorg zijn. Wip, stijg tot grote hoogten, bereik je heerlijkste finish, maar bedenk... het zijn de Japanners die, op een kleine twee maanden voor het geheiligde sportfeest begint, de lol van het leven er helemaal van af hebben gehaald. Rubbervrije Spelen. En het zou toch zo'n leuke zomer worden.

Gedenkwaardig

Ik zag de gedenkwaardige aftocht van de Williams-sisters op Wimbledon. Twee van de meest besproken en beste speelsters ooit verlieten het heilige gras in London via de achterdeur. Venus stapte met een uitgestreken gezicht balend de baan af nadat haar tegenspeelster, de Tunesische Ons Jabeur, haar in een nietszeggend tweede setje helemaal simpel had getikt: 6-0.

En Serena ging al helemaal op een bijna onwerkelijke manier van het gras af. Een sprietig jong speelstertje uit Wit-Rusland, Aljaksandra Sasnovitsj, nota bene de nummer 100 van de wereldranglijst, wist nauwelijks hoe ze moest kijken nadat ze ineens winnares bleek. Tegenover haar stond de misschien wel grootste tennisspeelster ooit, een 'living legend', en die gaf huilend op vanwege een enkelblessure. Het was 3-3 geworden in de eerste set, en struikelend, vallend, kruipend en onzeker maakte de 39-jarige Serena Williams van haar laatste momenten Wimbledon 2021 een waar schouwspel. Of ze zich daarvan bewust was? Waarschijnlijk. Ik ken ook mensen die bij het zien van dit dramatische gedrag van Williams zouden zeggen dat ze het alleen maar 'voor de Bühne' deed, maar ik was daar allerminst zeker van. Toegegeven, in het verleden maakte ze ruimschoots gebruik van haar bekendheid bij vreemde situaties, spannende momenten of kleine relletjes en mede daardoor kreeg ze de reputatie zeer goed te weten wanneer ze buiten de lijntjes van de tenniswereld kon kleuren.

Er werd ook altijd wel besmuikt gesproken over het tennis- en privéleven van de gezusters. Over hun gedrag in kleedkamers, over hun nukken en wensen, over hun spilzucht, hun verwendheid, over matchfixing zelfs (van pa Williams). Allemaal prikkende, niet erg gunstige verhaaltjes over de twee Williams-meiden, die al decennia geleden met hun geweldige spel het witte vrouwentennis op z'n kop hadden gezet.

De twee beroemde zwarte speelsters kwamen altijd voor zichzelf, hun familie en ook hun ras op als daarom gevraagd werd. Dat recht hadden ze, dat recht namen ze en ze gingen er vaak heel serieus en keurig mee om.

Ruim twintig jaar speelden ze 'all over the world' en vormden een opzienbarend zusterpaar. Ze wonnen veel, werden schathemeltje rijk en leefden een interessant en uitdagend privéleven, Met alle roddels en haperingen in hun bestaan heb ik me nooit echt beziggehouden, Met wie ze dansten, vreeën, Gucci-tasjes kochten of op welke beroemdhedenverjaardagen ze verschenen interesseerde me toen niet en nooit niet. Voor mij telden alleen hun verrichtingen op de tennisbaan.

Hoe konden deze twee vrouwen het zolang uithouden in deze toch zware sport? En dan bedoel ik niet alleen fysiek zwaar, maar vanaf halverwege hun loopbaan ook zwaar door de mentale druk.

Vandaag de dag behoren ze niet meer tot de top van het vrouwentennis. Serena's spel is te onrustig, zit vol oneffenheden en mist beleid. Haar tegenstandsters weten het zo langzamerhand wel: laat maar uitrazen, houd de bal lang in het spel, Serena gaat fouten maken en komt dan met zichzelf in de knoop te liggen, mept ballen zeven meter uit en wordt boos.

Venus had grote moeite het aanstormende Tunesische talent Ons Jabeur bij te benen. Ook zij miste concentratie en gelijkmatigheid. Venus zet dan een masker op, wordt grimmig en zelfs bot in de non-communicatie en verliest vervolgens door ballen meters uit te slaan.

Voor beiden geldt nog steeds dat ze bij tijden knap, soms oogstrelend tennis laten zien, maar dat is niet meer voldoende om aan de top te blijven. U zult van mij nooit horen of lezen dat ze maar moeten stoppen. Dat moeten ze helemaal zelf uitmaken en daar hebben buitenstaanders niets mee te maken.

Opgevoed door een vreselijk dwingend aanwezige vader, die zijn familie van Michigan meenam naar Californië, waarna de zussen neerstreken in Florida, werden ze beiden wereldtopper. Samen goed voor pakhuizen vol schalen, bekers, cadeaus, vazen en vooral herinneringen. Grand slams en olympische medailles, enkel- en dubbelspel, op iedere ondergrond, van de hitte van Miami tot de kilte van St. Petersburg, ze speelden overal en bouwden een erelijst op die ongeëvenaard is.

Ze waren niet altijd geliefd bij tegenstandsters of bepaalde persmensen. Het konden krengen zijn in de kleedkamer, luidruchtig, dominant en niet altijd collegiaal, maar mensenkinderen, wat konden ze goed tennissen. En hoelang hielden ze dat niet vol?

Er kwamen blessures, schorsingen, boetes, boegeroep, incidenten (sommigen, vervelend genoeg, rasgerelateerd), Serena trouwde, ze veroorzaakten weleens een ongeluk, werden door paparazzi gevolgd, studeerden eventjes, waren geïnteresseerd in mode, speelden op Reebok of Nike, kozen hun eigen tenniskleding, Serena werd moeder, er volgden comebacks, nieuw succes, ze wonnen meer dan ze verloren, ze bleven de tenniswereld wakker houden en werden ouder. Serena is van 29 september 1981 en Venus is van 17 juni 1980. Samen goed voor dertig grandslamtitels in het enkelspel (Serena 23, Venus 7).

Nog een statistiek: Venus speelde 1072 officiële enkelspelpartijen, daarvan won ze er 814, een winstpercentage van 75,9 procent. Serena tekende voor 1006 partijen met 855 zeges, goed voor 85 procent winst. Overtuigend goed spelen, heet dat. Venus verdiende ruim 42 miljoen, Serena bijna 95 miljoen dollar op de tennisbaan. De buiten-sportieve inkomsten zijn mij niet bekend en gissen ernaar is onzin. De precieze bedragen zijn alleen aan henzelf bekend en zo hoort het ook.

Beiden zijn 'home schooled' zoals dat in Noord-Amerika heet: door de ouders opgeleid in lezen, schrijven, aardrijkskunde en rekenen. Ze zouden lid zijn van de mormoonse kerk. Nog een feitje dat niet algemeen bekend zal zijn: de twee dames zijn de eerste twee vrouwelijke, zwarte deel-eigenaren van een NFL-ploeg: de Miami Dolphins. Stoer.

Als volger van beider tenniscarrières kan ik slechts de pet diep afnemen. Hulde voor hun spel, hulde voor het overwinnen van hindernissen in de (soms vijandige) witte tenniswereld, hulde voor hun lange carrière.

Zoals gezegd: hun moment van afscheid kiezen ze zelf, maar op dit Wimbledon-toernooi vertoonden de dames Williams aftakeling, deceptie, verbittering, slijtage en heel veel twijfel. Dat deed op een bepaalde manier pijn, maar was ook weer o zo boeiend om te zien.

Diepe buiging

Heel even hoopte ik dat de Pool Hubert Hurkacz de tegenwoordigheid van geest zou hebben om een mooie geste te maken naar zijn tegenstander Roger Federer, die met twee tassen beladen de baan van Wimbledon verliet. Bijvoorbeeld door met twee handen op elkaar het publiek aan te zetten tot een staande ovatie. Maar de 24-jarige Pool was zijn eigen verbazing van een minuut eerder nog steeds niet de baas. Hij had de grootmeester van deze wereldsport een ondubbelzinnige 'bagel' bezorgd. De jonge Pool had Federer met nuchter, soms ijzervast tennis naar huis gestuurd (3-6/6-7/0-6).

Wimbledon en veel televisiekijkers raakten even in een shock: de grootste tennisgrootmeester ooit werd hier niet zomaar afgedroogd, nee, hij werd geplet. Van zijn spel in de derde set bleef helemaal niets meer over; hij tenniste zwaar, was steeds veel te laat, ergerde zich in stilte geweldig aan zijn eigen onvermogen, maar bleef met een bijna strak masker zijn eigen falen incasseren.

Waarom kreeg hij zijn forehand maar niet op orde, zijn service leek van rubber, zijn voeten lieten hem in de steek en zo stevende hij snel af op die zeer hinderlijke 0-6, een 'bagel' dus, en pas de vijfde die hij moest toestaan in zijn lange tenniscarrière. Maar tegenstribbelen had geen zin. Hij feliciteerde de Pool, deed dat in stijl, zwaaide even naar de mensenzee op de tribunes en was verdwenen.

In zijn afsluitende persconferentie bleef hij geestelijk ruim overeind en zei onder meer: ‘Ik ga eens goed bekijken hoe het verder moet gaan. Ik zal me niet laten opjagen door jullie persmensen en zal op enig moment besluiten of ik stop of misschien een doorstart zal inplannen. Ik zal het jullie laten weten.’ Federer ten voeten uit.

Federer speelde en leefde als een gentleman, tenminste, dat nemen we maar aan. Het prettige is dat hij de roze krantenpagina’s maar heel soms bereikte; hij deed tamelijk normale dingen en alleen zijn horloges, koffiezetmachines en automobielen waren van enigszins extravagante makelij. Op zijn kledij was nooit iets aan te merken; waar Rafael Nadal de mouwloze, fluoriserende fladdermode omarmde en voortdurend aan zijn piem of aan de naad van zijn broekje frummelde, was Federer de ideale paspop voor Mr. Marvis. Heel vaak speelde hij met een geschoren kin, zijn Wimbledon-wit was kraakhelder en stijlvol.

Ja, zo soms doorbrak hij zijn ‘cool’ en fulmineerde hij tegen stoelscheidsrechters. Tegen ballenjongens en -meisjes was hij immer opgewekt en egaal qua karakter, hij reageerde zich nooit op hen af en speelde hen ballen in de hand. Volwassen lijnrechters die blunderden, konden rekenen op een korte cynische opmerking en een Zwitsers koele blik. En ja, hij kon iemand even ‘down’ staren. Niet te lang, maar precies genoeg. Zwitsers precies. Hard achter een zachte glimlach.

Zijn eerste Wimbledon-titel behaalde hij in 2003 tegen Mark Philippoussis. Wie kent deze Aussie nog? Niemand. Het lijkt eeuwen terug.

Federerer wordt in 2021 veertig jaar en staat dus meer dan twintig jaar stoer en onvervaard aan de helmstok van het mannentennis. Als je hem niet kent of nooit gezien hebt, dan heb je onder een steen geleefd.

Het heeft geen zin al zijn records en winstpercentages te gaan opnoemen. Federer speelde bijna perfect tennis.

Als er een tafel gedekt wordt voor vijf topsporters die een gezond feestmaal met een goede wijn mogen gaan nuttigen, dan staat Federer achter een van die stoelen. Ook aan tafel: Wayne Gretzky, Michael Jordan, Johan Cruijff en Mark Spitz. Er is ook een vrouwentafel, met Fanny Blankers-Koen, Serena Williams, Wilma Rudolph, Babe Didrikson en Simone Biles.

Federer dus. Kind van Rolex en onomstreden titels en bijna volmaakte wedstrijden. Hij was steengoed, speelde beheerst en met charme. Hij was vast, gracieus en schuwde een lach op de baan bepaald niet. Hij had een bijna vlekkeloze loopbaan, totdat het lichaam ging opspelen. Dertien maanden was hij afwezig, hij speelde slechts vijf toernooien dit jaar en vertoonde haarscheurtjes in zijn spel. Op het gras van Wimbledon wilde hij nogmaals tonen dat hij wel kraakte, maar niet brak. Helaas stond achter de deur van Wimbledon een wezen met een zeis over zijn schouder.

De aanzet naar zijn laatste service was typerend. Hij stond op 0-5 en de Pool had matchpoint. Federer zag grauw en liet de bal stuiteren. De bal had echter geen zin en stuiterde stuurs weg. Federer pakte ’m weer op, serveerde en stapte na een jammerlijke misser weg van Wimbledon. Het was voor even helemaal op, het ging niet meer. De geest wellicht nog wel, maar het lijf weigerde, de coördinatie was licht van slag, zijn onberispelijke service was met vakantie en langzaam doofde zijn vechtlust.

Hij feliciteerde zijn tegenstander en sprak wat woorden in diens oor die liplezend niet te volgen waren: het moeten mooie woorden geweest zijn. Tassen over de schouders, langzaam, maar met zekere tred weglopen, een brede zwaai naar het publiek. Weg.

Zelden of nooit zo'n perfecte sportman gevolgd. Een voorbeeld voor velen; een serieuze vakman uit een land waar men precisie-uurwerken maakt en waar bankgeheimen heilig zijn.

Federer zien spelen was een groot genoegen: poetry in motion. Intelligent uitgevoerd, wilskrachtig en intelligent. Bijna uniek.

Hij gaat aan zelfonderzoek doen. Heeft het nog zin terug te willen komen op niveau? Kan hij dat nog? Wil hij dat nog? Alleen hij weet dat.

Die 'bagel' was een zachte klap in zijn gezicht. Aan verliezen was ook hij wel gewend geraakt. Hij had echter nooit zo'n vernedering meegemaakt, maar eigenlijk deed ook die dodelijke 0-6 er niet meer toe. Roger Federer was ineens moe, zijn lijf wilde even niet meer en daar had hij toch niet op gerekend toen hij die dag het gras betrad. Ook sportgoden hebben menselijke trekjes.

De bijna antiheld

Het was een donderdag in de Tour. Boven op Luz Ardiden, een vreselijke pukkel in de Pyreneeën, kwam de Franse president Macron aan p.r. doen om de doodvermoeide wielrenners in Frankrijks nationale ronde op acceptabele afstand toe te klappen. Kapje op. Het had iets postsierlijks: de Franse drager van rugnummer 1 klapte en rond hem klapten anderen mee; beschaafd, beleefd, licht onderdanig vooral.

Elders zaten renners bij te komen van een heftige klauterpartij die winst had opgeleverd voor een jonge Sloveen. De NOS-camera ving het beeld van een man uit Amersfoort die met een zichtbare schram op de kin zat uit te hijgen. Hij had de schade weten te beperken, kon je aan zijn hele lijf aflezen.

De verslaggever van de nationale zender probeerde Wilco Kelderman op te fleuren door hem de vierde of vijfde plaats in Parijs voor te houden, een hartstikke goede prestatie. De renner hapte niet meteen en lachte voorzichtig het overkokende enthousiasme van zijn gesprekspartner weg: Parijs was nog ver, nietwaar? Merci Joop.

Nog een sprintetappe, nog een tijdrit en dan die potsierlijke, veel bekeken parade naar de Champs-Elysées in Parijs. Dan zou er een algemeen eindklassement opgemaakt worden en dan zou blijken dat deze Nederlandse jongen van dertig jaar oud de beste vaderlander in deze Tour was geweest. Een vette top-tien klassering was zijn deel; een geweldig goede prestatie toch?

Stel, Wilco Kelderman loopt bij u door de stad of het dorp, winkelend met zijn vrouw. Zou u hem direct herkennen? De vraag stellen is 'm beantwoorden. Nee, u herkent hem niet. Ik zal iets duidelijker zijn: hij is 1,85 meter lang en slank gebouwd, 66 kilo schoon aan de haak, blond, rustige ogen. Onopvallend vooral.

Zoals hij drie weken door Frankrijk heeft gefietst: onopvallend. Steeds voorin als de grote meneren elkaar gingen testen, steeds onopvallend weggestopt in etappes voor vluchters of sprinters.

Kunt u zich zijn drie beste prestaties in deze Tour nog voor de geest halen? Reed hij weleens ergens pregnant duidelijk in beeld? Hebben we hem überhaupt 'groots en meeslepend' in beeld gehad? Zette hij, waar dan ook, de wielerwereld ergens op z'n kop? Ja, hij viel en schaafde zijn kin. De kenners riepen in koor: Wilco Kelderman is weer gevallen. Met de nadruk op 'weer'. Dat watermerk achtervolgt hem ook. Hij heeft nog weleens pech en stuitert dan over Gods wegen. Criticasters roepen dan meteen 'hij kan niet sturen!' Of dat waar is, is maar de vraag.

Als je hem gaat googelen, kom je zijn erelijst tegen: overwinningen in Denemarken in 2013 en Nederlands kampioen tijdrijden 2015. En later: 6 x top-tien in een grote ronde (voor de niet-kenners: de Tour, de Giro en de Vuelta), podium in de Giro, 1 x top-tien in Tirreno-Adriatico, 2 x top-tien in Catalonië, 1 x top-tien in Baskenland, 3 x top-tien in Romandië, 3 x top-tien in de Dauphiné, 2 x top-tien in Tour de Suisse en her en der nog top-tien klasseringen in rondjes die ver van ons bed verwijderd zijn.

Conclusie? Een ronderenner die in het schemergebied van de top-tien rijdt. Altijd aanwezig in kleine kopgroepen tijdens grote beklimmingen, altijd in de buik van het peloton als lawaaimakers dolle sprints voor ons neerleggen. Je ziet of hoort hem nauwelijks in die drie weken fietsen in Frankrijk: hij is er, steeds op het eerste blad van de klassementslijsten, maar op een of andere manier toch steeds in de schaduw van anderen en wellicht eigenlijk ook in de schaduw van zichzelf.

Topsport kent meer van zulke mensen: ze zijn eigenlijk zeer goed, maar winnen te zelden. Zij klasseren zich heel vaak bij de besten, maar niet luid, opvallend of aanstellerig. In het geval van Kelderman moet je zeggen dat hij vrij onzichtbaar en geruisloos zijn wedstrijden afwerkt, waar dan ook, ook in 's werelds meest bekeken meerdaagse wielerwedstrijd.

Of dat in hem zit? Ik heb hem weleens direct meegemaakt: geen grote mond, geen snoever, geen op-de-voorgrond-treder, geen druktemaker, meer een stille vent die anderen aan het woord laat en de kat uit de boom kijkt, waar dan ook. Dat is geen erg veel voorkomende karaktertrek in de topsportwereld.

Misschien past het begrip 'bleek' wel bij zijn manier van fietsen. 'Bleek' in de zin van nauwelijks opvallend, bleek als: tamelijk onzichtbaar, zonder kleur bijna. Maarrrrr... hij is er wel. Aan de zijde van de grote meneren, stoempend en zuchtend, vaak vooraan in de bergen, nog vaker onzichtbaar in andere etappes.

Wij zijn geneigd naar kleurrijke figuren te kijken en hen te prijzen vanwege het feit dat ze presteren en kleurrijk zijn, of ook wel omgekeerd. Zelden of nooit hebben we aandacht voor 'bleke' sportlieden die altijd op het appèl zijn, die zelden verzaken, maar die zevende, vijfde of negende worden, op korte achterstand van de winnaars.

Reporters rennen niet als wilden achter deze mensen aan, je ziet zelden of nooit kleine, leuke portretjes van die gasten en toch zijn zij even belangrijk als die winnaarstypes die wij wel kennen en bewieroken.

Een peloton heeft ook renners van het slag Wilco Kelderman nodig; ook zij zijn een zeer belangrijk onderdeel van het wielerleven. Niet alleen geletruidragers, sprintwinnaars en idioten, clowns en durfals bepalen het aangezicht van een sportwedstrijd, ook deze wellicht onbekenden zijn bepalend voor de uitslag van een etappe. Pogacar en Cavendish bestaan mede door de aanwezigheid van Kelderman en omgekeerd.

Het korte vraaggesprekje van Kelderman met Han Kock van de NOS was een prachtig inkijkje in het bestaan van de renner. Bescheiden, licht op zijn hoede, geen snoever, geen grootspraak, nog een deel verwondering in zijn manier van reageren en zacht en aardig. Met een rode kras op zijn kin.

Ik hoop dat u ook zo tegen hem wilt aankijken. Dit soort sportmensen wordt te snel en te makkelijk afgeserveerd door ons buitenstaanders. De wereld bestaat namelijk niet alleen uit winnaars of lieden die willen opvallen. Als je het goed bekijkt is het allergrootste deel van alle sportlieden ter wereld ook verliezer.

Wilco Kelderman is gewoon een zeer goede renner die deze Tour geheel in de schaduw van anderen reed en verreweg de beste Nederlandse coureur in Parijs werd, afgaande op zijn eindklassering. En ja, hij reed ook – heel erg knap – in zijn eigen schaduw.

Het Grote Sportfeest in Tokio

Ik heb zonder een rimpeling in mijn ziel naar de officiele opening van de Spelen gekeken. Ik heb er te veel gezien/becommentarieerd/meegemaakt, dus ik voelde afstomping en ook afwijzing. Leuk hoor, al die dansende, fraai geklede duizenden die door het stadion hun salto's en andere kunstwerkjes lieten zien, maar aan mij is het allemaal niet besteed.

Ik herinner me hoe ik in 1984 de Amerikanen van vulgair spierballenvertoon betichtte toen ze een mens op een vliegende stick door het stadion stuurden: dat technische hoogstandje beheerste Amerika toch maar mooi en de rest van de wereld niet!

Het massale beeld van het huilende beertje in Moskou 1980 dat een traan liet, fraai uitgevoerd door duizenden getrainde Russen die een tableau-vivant maakten waar weinig mis mee was, staat me ook nog bij: een lach in een traan inderdaad.

Want een etmaal na de sluiting vloog ik in een bomvol vliegtuig naar Frankfurt en hieven de mensen om me heen, toen de wielen van het toestel de startbaan van Moskou verlieten, een geweldig geschreeuw, gejoel en geklap aan: iedereen was zo ongelofelijk blij uit dat vreselijke Rusland weg te zijn, met al die beperkende maatregelen, met al dat gedoe, dat omkopen en belazeren, dat de drank in het toestel al na een uur op was. Er werd gedanst in de gangpaden; westerlingen reageerden de botsing van culturen in de lucht af: nooit meer naar dat verschrikkelijke land, nooit meer de vervelende communistische beknelling voelen.

Nooit werd zo'n openingsceremonie, in winter of zomer, een kleinschalig, intiem en kort feestje. Het moest altijd groot, groter, grootst zijn. Ik maak een uitzondering voor de sluitingsceremonie van Sydney 2000 toen een massaal meegezongen 'Down Under' van Men at Work een bevrijding voor de hele natie was. Zelden heb ik met meer kippenvel over mijn hele lijf erbij gestaan (ja, ik moest zelfs tegen de tranen vechten, zo heftig was het toen), zelden zag ik zoveel echt blije mensen bij elkaar.

En de tweede uitzondering gaat naar Neil Young, de Canadees, die in 2000, helemaal alleen, op het oneindig grote witte middenveld van het stadion in Vancouver stond en ons allen naar huis zong met zijn kostbare 'Long may you run'.

Ja, zult u zeggen: jij bent ook van de muziek.

Klopt, maar juist die muziek verenigde, terwijl al die trouvailles, technisch of anders, al die klederdrachten, die dansjes, die prachtige artistieke kunstwerkjes van al die honderden of duizenden figuranten me gewoon gestolen konden worden: déjà vu, nietwaar? Iedere Spelen weer hetzelfde, met uitzondering van de dode duiven die in Seoul 1988 geroosterd werden, live op televisie. De arme beesten, brengers van vrede, gingen rustig op en in de grote kommen zitten, die ineens aangestoken werden met het olympisch vuur. Roekoe, roekoe.

Al die tentoonstellingen vonden plaats met 'levend' publiek, vooral hotemetoten, sponsors, wereldburgers en soms gewoon volk dat in een stadion neergezet werd om beleefd en beschaafd een mondiaal sportfeest officieel te openen of te sluiten.

Daar was in Tokio geen sprake van. Corona-proof werd een aangepast vervangend programma vertoond. Het ontbreken van massaal aanwezig publiek, van reacties, van sfeer, van mensengeluid was gigantisch en was meteen een bang makende voorbode voor de beelden en geluiden die we twee weken lang uit Japan voorgezet zullen krijgen. Inderdaad: de Spelen back to the basis, Spartaans dus. Zoals de oude Grieken het graag wilden. Worstelen in je nakie.

De giga angst die de Japanse organisatoren, op de hielen gevolgd door de vertegenwoordigers van het IOC, op de wereld hebben uitgestraald is groot. Ja, deze hele wereld zucht onder Covid-19, dat weten we, hoewel er ook lieden zijn die al een paar weken denken en doen of die dreiging van dat virus er niet meer is.

Tokio werd een jaar uitgesteld. Verstandig, oordeelden we in 2020.

Wat we nu meemaken, met sportlieden die in een ijzeren quarantaine moeten leven, denken en doen, wilden we eigenlijk ook niet. Aan sport doen is vrij zijn, je vrij voelen, je kunnen bewegen, je eigen richting kiezen.

Volle stadions, blije mensen met hun nationale vlaggen, Ieren die naast Argentijnen en Nieuw-Zeelanders op de tribunes zitten en feestjes maken terwijl ze naar topsport kijken, dat was toch het decor voor de sportieve prestaties onder de vijf ringen, of niet soms? Met corona als sluipschutter over de hele wereld aanwezig kan dat in Japan niet.

Ja, ik begrijp de angst daar, maar soms toch ook weer niet. Als een mens bang is treedt er verkramping in denken en doen op en wordt het leven voor de belangrijkste pionnen van de Olympische Spelen, de sportmensen zelf dus, een gevangenis.

Ik neem een (misschien wel makkelijk) voorbeeld: afgelopen week speelden de Amerikanen Devin Booker, Jrue Holiday en Khris Middleton om de NBA-titel in de USA. Ook in dat land waart het virus nog rond, maar als je de beelden zag van Game 6, gespeeld in Milwaukee, merkte je daar he-le-maal niets van. Het stadion (18.000 mensen opeengepakt) was vol en in feeststemming en buiten dat stadion hadden meer dan 100.000 mensen een plaats gevonden om samen van het kampioenschap van hun Milwaukee Bucks te kunnen genieten via grote beeldschermen. Ze stonden als haringen in een ton, dansten, zongen, blèrden, lachten, huilden van plezier, ze schreeuwden en raakten in extase. Ze waren vrij, hun ploeg, hun stad werd NBA-kampioen. Het feest duurde tot laat in de nacht. In de zaal omhelsden de spelers elkaar, verreweg de meeste zonder mondkapje, en vond een giga feest plaats. Anderhalve meter? Even niet. Een dag later werden de spelers nogmaals 'gevierd' tijdens de traditionele parade. Weer feest, weer tienduizenden bijeen, weer zingen en dansen.

De organisatoren van de Olympische Spelen in Japan moeten werkelijk met uitpuilende ogen naar die beelden uit Milwaukee gekeken hebben. Anderhalve meter? Ben je gek, in elkaars armen hangen, omhelzen, zingen, brullen. Alles wat slecht was voor het grote publiek gedurende de afgelopen anderhalf jaar werd nu in enen aan de kant geschoven. Het was feest, de Bucks wonnen, er moest gedanst en gezongen worden, de vrije mens zocht een heerlijke uitlaatklep voor die duistere tijd die achter ons lag. Ja, ik zat er ook eerst met grote verbazing naar te kijken. Bestond Covid-19 daar dan niet meer? Natuurlijk wel. Hadden de autoriteiten de boel vrij gegeven (bij ons thuis heet dat nu een 'De Jongetje') en waarom? Domheid, onwetendheid, politiek spel, een nieuwe aanpak? Zeg het maar. Zaten de Amerikaanse Gommersen niet in rijen van drie klaar om dit alles ernstig te berispen en te waarschuwen voor nieuwe golven, nieuwe volle ziekenhuizen?

De drie NBA-spelers die ik hierboven bij naam noemde, moesten op donderdagavond gaan reizen. Uit de sfeer van Milwaukee (en Phoenix) naar de sfeer van Tokio. Misschien was het wel tekenend dat liefst drie van hun teamgenoten van Team USA al geveld waren door Covid-19 en vervangen werden, nog voordat ze afreisden.

Hoe moeten Holiday, Booker en Middleton zich gevoeld hebben toen ze uit de 'vrije' sfeer en omgeving van hun eigen (door Covid-19 overigens zwaar getroffen) land, via een lange vlucht, ineens in een soort veredelde dwangbuis terechtkwamen? Hoe moet hun mind-set geweest zijn: van beroemde, rijke NBA-speler gereduceerd tot een van de vele Japan binnen reizende sportmensen, die, wie ze ook waren, rijk, arm, uit Polen, Chili of de USA slechts een nummer waren voor de douane- en quarantaine-autoriteiten van Japan. Wacht u hier even een uur of vijf á zes, dan hebben we alle handelingen om dit land binnen te komen aan u volbracht: hartelijk welkom. En we wensen u een vrolijke Spelen. Kon het verschil groter zijn? Nee.

Deze Spelen hadden tijdig afgeblazen kunnen worden, maar de twijfelende Japanse organisatoren, ferm gesteund door de zwakke IOC-praeses Thomas Bach, zeiden dat ze het in het belang van de sportlieden gedaan hadden: doorgaan met strenge, aangepaste, bijna onmenselijke regels. Een leugen, maar als de Spelen lang achter ons liggen, zal er waarschijnlijk toch een tevreden gevoel over de internationale sportwereld neerdalen. Het moet toch iets speciaals geweest zijn voor al die mensen die er mochten aantreden deze Spartaanse Spelen mee te maken, hoewel ik ook al snel het gevoel had, dat het, op een of andere manier, wel meeviel. Niet als je, zoals die arme roeiers, in een strafkamp-achtig onderkomen werd geplaatst. Die lieden hadden puur pech. Anderen sportten zich fluitend door het toernooi heen. Ja, zonder publiek, zonder ouders, zonder sfeer, maar dit was Tokio 2021, dit waren de officiële Covid-19 Spelen, die hopelijk nooit meer zullen voorkomen.

Sportmensen zijn innovatief, slim en weten snel oplossingen voor vele problemen te vinden. En zo zullen de meesten er toch alles van proberen te maken. En daarin slagen. Bij de afrekening komen de eerste rapportcijfers. Later pas komen de verhalen. En tellen we in Holland blij onze zegeningen, uitgedrukt in het aantal gewonnen medailles. En zullen sportbobo's roepen dat we toch zo'n geweldig sportland zijn.

Hoe het was olympisch bezig te zijn in Tokio en omstreken valt weg tegen binnengehaald goud, zilver en brons, dat weet ik nu al zeker. Geen losers-vlucht dit keer, maar repatriëringsvluchten die uitgespeelde lieden zo snel mogelijk uit Japan dienden te nemen. Het kon niet anders. Wegwezen was een olympisch bevel geworden.

Juichen en janken

Al enige tijd geleden koos de NOS in haar 'coverage' van de Olympische Spelen voor de zogenaamde Oranje-aanpak. Dat wil zeggen: het zo goed en kwaad als het kon zoveel mogelijk het vizier gericht houden op sportevenementen waarbij kinderen van Dietschen bloed aantraden. Dat gold voor het tonen van live-beelden (als ze aangeboden werden) en de opvolging kwam dan met snel gemaakte interviews ter plekke, kleine sfeertekeningen en afsluitend een mix van amusement binnen een talkshow in eigen land.

Dat hele systeem, dat een geweldige voorbereiding kostte en veel inzet vroeg van de redactie van *Studio Sport*, kwam heel langzaam op gang in Seoul 1988 en werd per decennium verbeterd en sterker uitgewerkt.

Ellen van Langen zat al in een klein studiootje in Barcelona 1992, de bomontploffing van Atlanta in 1996 kon strak en goed gevolgd worden, in Sydney 2000 werd het volgen van Nederlandse sporters geïntensiveerd, waarna fine-tuning in Athene 2004 (dakterras met dronken roeiers), Peking 2008 (de befaamde lampionnetjes), Londen 2012 (lawaaiige studio), Rio de Janeiro 2016 en nu Tokio volgden.

Tot en met 2016 maakte ik die hele geschiedenis mee en heb dus een beetje recht van spreken. Het gevolg van het consequent willen volgen van sporters in oranje was dat andere topsport, waarbij geen 'vaderlanders' aantraden, licht veronachtzaamd of soms zelfs vergeten werden.

De puzzel om een goede balans te vinden tussen Oranje en de 'andere' sportmensen werd moeilijker en moeilijker. *Studio Sport*, onder leiding van eerst Martijn Lindenberg en later Maarten Nooter en met ex-waterpoloër Ewoud van Winsen aan het journalistieke olympische roer en vele harde, multifunctionele werkers, die werkdagen van wel 16 uur maakten, is er mijns inziens in geslaagd een volwassen programma te maken.

Natuurlijk gaat er weleens een onderwerp de mist in, maar na een week Tokio heeft het Nederlandse televisiepubliek een vrij goed sluitend beeld voorgezet gekregen van de prestaties van al die jongens en meisjes in het oranje. Applaus daarvoor is op zijn plaats.

De afgelopen dikke week hebben we op onze treurbuis een brede waaier aan juichen en janken voorgezet gekregen, de een nog mooier dan de ander. Kleenex meldt een sterke stijging in de verkoop van tissues, zo hartwringend waren sommige mini-docu's van heel blije en diep bedroefde sportlieden, die hijgend, snikkend, buiten zichzelf en soms ook liefelijk, klein en triest hun optredens stonden te verwerken tegenover een camera en microfoon van de NOS. Er zijn er die deze manier van televisie-maken heerlijk vinden, er zijn er ook die zeggen 'laat mij maar andere topsporten zien'.

Voor diegenen die de televisienacht van 29 juli 2021 hebben gemist: het was Hitchcock-achtig fraaie televisie met uithalen naar boven en beneden. De bijna historisch snelle uitschakeling in 25 seconden van topjudoka Henk Grol, plus het aansluitende gesprek vol zelfkritiek van jewelste ('Ik ben gewoon een sukkel') was een klassieker; dit mag nog weleens uitgezonden worden als ons demissionair kabinet ook kijkt. Over sukkels gesproken!

Het gesprekje met gouden medaillewinnaar BMX Niek Kimman was al bezig toen op de achtergrond Merel Smulders, geheel onverwacht, naar brons reed en in een prachtig getrokken shot de geblesseerde zuster Laura in een totale vreugdestuip raakte, waarna sisterly love in beeld kwam op een wel zo warme manier dat je teiltjes in de kamer moest zetten.

Sommigen willen juist deze bijna privémomenten van de sporters liever niet van al te dichtbij meemaken. Er zijn er ook die het hééééérlijk vinden: het brengt de kwetsbaarheid van de sportende mens zo fraai naar boven. Je moet, bedacht ik, wel een beetje masochistisch van aard zijn om al die jankmomenten achter elkaar tot je te nemen.

Neem het moment dat Femke Heemskerk haar finaleplaats in de 100 meter vrije slag liep te vieren. Fraaier wordt het niet. De enorme blijheid, noem het 'ineens voelbare vrijheid', van deze zwemster was jubelend en heerlijk om naar te kijken. Oké, ze werd zesde in die finale, maar dat ene moment, een dag eerder, dat moment van complete, alles overstijgende jubel, was groots om (via de televisie) bij te zijn. Heemskerk, een veterane van jewelste, een vrouw die werkelijk alle toppen en dieptes in haar sportloopbaan heeft meegemaakt, toonde haar hele naakte ik terwijl ze toch een badpak droeg. Ze liet ons allen toe in haar bestaan en de NOS zond dat keurig uit. Een prachtige jonge vrouw die haar geluk niet op kon: ze had, in de herfst van haar carrière, haar ultieme finale gehaald en was honds gelukkig.

Of neem 'de misslag' bij het roeien. Hoofdrolspeelsters: Marieke Keijser en Ilse Paulis in de lichte dubbeltwee. Ze lagen op koers voor goud maar maakten een mispeer op het laatste stukje, waardoor ze met brons eindigden. Het aansluitende verhaal en de vele herhalingen in beeld toonden de Nederlandse kijker het superdrama.

En wat te zeggen van de tegenvallende prestatie van de Holland Acht plus de analyses en de zure frustratie dat ze juist híér zo poep geroeid hadden.

Of die volkomen lege blik en het verlaten van de judomat van Tessie Savelkouls; een vrouw die blij was Tokio gehaald te hebben, na een ongelofelijk lange revalidatie die op zich al een speelfilm waard zou kunnen zijn. Die beelden zien, deed bij de kijker pijn, snijdende pijn.

Of het geheel lege gezicht van turnster Lieke Wevers, die compleet in niemandsland verbleef na haar totaal niet geslaagde optreden in Tokio. Ook dat is topsport.

Kijk, de juichende Annemiek van Vleuten hoefde nergens hulp te hebben, zij was als olympisch kampioen tijdrijden een bijna ongeleid stralend projectiel zoals zij het ook zelf gepland had. Zelfs wielrenner Tom Dumoulin, een half jaar geleden nog kwetsbaar als wat, gaf na zijn zilveren tijdrit de NOS-camera's een mooi inkijkje in zijn privéleven; wél blij, wél opgelucht, met een dunne laag kwetsbaarheid, dat wel. Fraai.

Blijft nog één kwestie: wat doe je als televisie- of radiomaker als je tegenover een diep gekwetste sporter komt te staan? Wat kan je vragen en wat niet? Dat leverde ook een week van verwondering en soms boos grommen op. Ik hoorde iemand tegen een roeier van de acht zeggen: 'Hiervoor heb je het niet gedaan!' De aangesprokene hoorde je als het ware bozig worden en rood aanlopen.

Ik wachtte op een keiharde klap in het gezicht van de ondervrager. Tact, heet dat.

Zulke vragen doen zuur pijn, net zoals het meermalen gevraagde 'Hoe teleurgesteld ben je?' aan een snel uitgeschakelde judo-mevrouw of badmintonner. Of het blijven doorvragen in een gesprekje met een huilende sporter die te beschaafd of te beduusd is om te zeggen: 'Zo is het wel genoeg! Kappen maar, eikel...'

Aan de andere kant: ga er maar aan staan, stap maar op zo'n zwaar teleurgestelde sporter af en begin een gesprek waarvan je zelf weet dat het meteen gaat schuren. Mensenkennis is dan handig. Dus nooit meer (gevangenisstraf!) aan een verliezer vragen: 'Teleurgesteld?' Nooit meer.

Toch. Neem ook het einde van de tennispartij Djokovic-Zverev. De Duitser won; een redelijk sensationeel resultaat. De emoties dropen van het hele lange lijf van Zverev af en dat wilde ik juist heel graag zien. De NOS schakelde snel terug naar Hilversum, want life must go on, straks zouden er weer Nederlandse hardloopsters komen, zei de presentator. Ik wil dan juist zo lang mogelijk naar de totaal verbouwereerde en uitgewrongen tennisspeler kijken.

Toch ook. De NOS heeft ons sport-chauvinisten (want wij gaan toch 46 medailles winnen) heel mooi televisie- en radiowerk getoond. Het gaat om het maken van keuzes en vaak zit je goed en soms gaat het mis.

Nog een week lang kunnen we ons verheugen op deze manier van werken, maar we kunnen ons ook afvragen waarom we van bijvoorbeeld mannenhandbal, volleybal, NBA-aangedreven basketbal, mannenwaterpolo niet of nauwelijks iets weten, want daar was geen uitzendtijd voor. Zoals eerder gezegd: een mens moet keuzes maken.

Maar spreken we dan ook af dat niemand meer mag vragen aan een gouden medaille-winnende Nederlandse sporter: 'Hoe blij ben je?' Of: 'Dit is toch wat je wilde?' Op straffe des doods dus. Afgesproken?

Overigens is de NOS-baas in Tokio een vrouw: Monique Hamer. Ze heeft er bijna haar levenswerk bij de NOS van gemaakt. Zij ziet er al decennia op toe dat we de tranenregens en glimlachpartijen in huis krijgen. Wereldmens.

Business as usual

Op zaterdag 31 juli gonsden zware olympische berichten over de gehele wereld. Al zappend kon een normaal mens niet om Tokio en omstreken heen. Je verdronk in olympische beelden, geluiden en berichten. Totdat ik de VRT aan knipte.

Ik hoorde een mij bekende stem het woord 'absoluut' uitspreken zoals alleen José De Cauwer dat kan. Absoluut als in absoluut. Luister naar de VRT gedurende een middagje Tour en je hoort dat bevestigende woord op zijn minst 357 keer; het kan niet eens meer een stopwoordje genoemd worden.

Het was zaterdagmiddag en in schimmige beelden liet de Baskische televisie ons beelden zien van de beklimming van Jaizkibel. Wielerkenners zeggen dan meteen: Clásica San Sebastián. Maar wacht even, het is toch Tokio dat deze dagen regeert? Niet bij de VRT. De Vlamingen waren geheel zichzelf, lieten op een van hun kanalen wat afgekloven olympisch, pseudo NBA-basketbal zien, maar het was vandaag toch echt 'koers' en dus zonden ze dat ook uit. Met een duidelijke nadruk op 'ook'.

De Cauwer zat naast mijn goede collega en vriend Christophe Vandegoor in een studio in Brussel en deed verslag van de Baskische koers die ik zo ontstellend graag 'deed' in mijn NOS-dagen, ook al was die koers zes dagen na een loodzware Tour en moest je een volle vrijdag reizen om tot in San Sebastián te komen.

Het was hondenweer in Baskenland en dat maakte het beeld prachtig; zwiepende regen, wegvallende kleur in beeld, mist, zwoegende en lossende renners, een schimmige afdaling, soms weer even helder als er een open stuk terrein doorreden werd; het was televisie uit de jaren tachtig van de vorige eeuw.

U kent de uitslag: 1. Neilson Powless 2. Matej Mohoric 3. Mikkel Honoré. Maar zag u ook de ijzingwekkende schuiver van Lorenzo Rota, die in een reling boven een ravijntje bleef hangen? Bij de VRT kon je het zien omdat ze daar 'gewoon' de koers van de dag uitzonden. Op een typische VRT-wijze werd er commentaar gegeven, vol wielerpassie, vol kleine en grote weetjes, met verbazing ook, met lichte wrevel over de kwaliteit van het beeld en uiteraard stille hoop op Belgisch succes.

Klein hoogtepunt: direct na het in beeld verschijnen van de namen van de eerste tien aankomenden, werd opgemerkt dat onze Bauke Mollema er toch maar weer in geslaagd was in de top-tien uit te komen. Dat was meer dan een 'fait divers'. Mollema doet dat bijna ieder jaar. Ik meen tien op elf.

Ja ik keek met dorst en hongerige graagte naar de kopgroep. Ik vroeg me af of ik werkelijk wist wie die Amerikaan Powless was. Was hij me eerder opgevallen? Waar kwam hij vandaan? Gelukkig hadden de mannen in Brussel daar ook een tikkie moeite mee. Heel eerlijk: ik had ooit ergens gelezen dat de renner uit Eglin, Florida stamde en dat was opmerkelijk. In dat stadje huist een grote Airforce-basis. Was hij ook niet van indiaanse afstamming? En had hij ook niet, bijna onopgemerkt, niet lang geleden, heel even voor de Jumbo's gereden? Ja dus.

Toen de Baskische koers 'gedaan' was, vroeg Vandegoor ons kijker-luisteraars of we nog ingeschakeld wilden blijven, want na de Clásica zouden we beelden kunnen zien van de Heistse Pijl. De wat? De Heistse Pijl, een wedstrijd uit de UCI Europa-serie en, lach niet, een al tamelijk oude semi-semi-klassieker die in de provincie Antwerpen zijn beslag kreeg: al vanaf 1947, toen Constant Verschueren de eerste uitvoering won. Zo u weet koesteren mensen die in 1947 geboren zijn dat jaar als geweldig, vol zon en warmte; een jaar waarin de Tweede Wereldoorlog iets meer uit ons leven verdreven werd.

Ik zat werkelijk stupéfait naar onbekende renners te kijken in de finale van een Vlaamse koers; tot slot drie man op kop: Yves Lampaert, Jonas Rickaert en Pascal Eenkhoorn. Allemaal live op de Belgische televisie.

Onze landgenoot Eenkhoorn won de 192 kilometer lange koers en vindt zijn naam nu terug op de overwinnaarslijst van de laatste vijf uitgaven: Sasha Weemaes, Alvaro Hodeg, Emils Liepins, Jasper de Buyst en Dylan Groenewegen.

Laatstgenoemde reed op afstand achter de kopgroep aan. De organisatoren hadden zich waarschijnlijk likkebaardend verheugd op een sprintduel tussen Groenewegen en Fabio Jakobsen, maar de sensatiezoekers kregen dat duel niet te zien. Jakobsen viel al in een vroeg stadium van de wedstrijd en verliet de koers.

En ja, ook dat alles, beelden uit Heist op den Berg, waren uiteraard live te zien via de VRT. Op zaterdagmiddag laat, midden in de olympische bubbel. Alsof er niets aan de hand was. Het was immers koers en al dat gedoe, dat gejank, gejuich en olympisch gefriemel, moest op dit televisiekanaal maar even een stapje terug doen. In Vlaanderen blijft de koers de koers.

Absoluut.

Emoties

Janken, bakken vol tranen, snikkende mannen, ontroerde teamartsen, hartverscheurend mooie beelden van elkaar troostende vrouwen die zojuist verloren hebben, boze buitenspelers, zielig alleen zittende hordelopers, net missende polsstokhoogspringers, huilen, huilen. It's crying time op de Olympische Spelen.

Herinnert u zich nog die hockeyofficial van Australië? Zat-ie daar alleen in de dug-out en pakte zijn grote hoofd vast. Schokkende schouders, een grote, volwassen man, overspoeld ineens door sentimenten. Tranen.

Of kijk terug op de daden van Ferry Weertman, de afstandszwemmer. Hij vergiste zich waarschijnlijk in de te kiezen wedstrijdtactiek en eindigde als zevende. Na goud in Rio betekende zevende niet eens een rubberen medaille, het betekende, zelfs voor deze stevige, sterke jongen, een nauwelijks te onderdrukken tranenzee. Is dat vreemd? Nee, natuurlijk niet. Later meer.

Herinnert u zich nog het moment dat dubbelspeelster Demi Schuurs in het begin van haar eerste wedstrijd het ineens niet meer aankon? Partner Kiki Bertens probeerde te begrijpen wat er gebeurde op het bankje waarop beiden zaten. Schuurs bleek het noorden (en oosten, westen en zuiden) even geheel kwijt. Wat deed ze daar op die tennisbaan? Waarom zat ze hier in tranen? Hoe moest dit probleempje opgelost worden? Even kwam een smalle glimlach langs mijn gedachten strijken: dat uitgerekend twijfelkont Bertens hier als begripvolle partner moest optreden.

En dan de nauwelijks te evenaren vreugde van de meerkampsters Anouk Vetter en Emma Oosterwegel. Dat waren dus vreugdetranen, in een ongekend prachtige sfeer waarin menselijke waarden als vriendschap, collegialiteit en respect de boventoon voerden. Heerlijke, mooie tranen. En vooral ook verbazing, vermoeidheid en berusting: karwei geklaard, de twee Oranje-meiden behoorden bij de meest pakkende competities van Tokio 2021.

Liemarvin Bonevacia, de 400-meterloper van de Nederlandse ploeg, huilde niet; hij probeerde te praten, wat nauwelijks lukte, voelde zich ineens niet lekker worden, ging bijna van zijn stokkie, krabbelde voorzichtig overeind en zei dat we hem en zijn opmerkelijk opgewekte karakter ook over drie jaar in Parijs mochten gaan verwachten. Waarna stilte volgde, wat voor hem vrij ongewoon is. Klopt: hij voelde zich immers fysiek verschrikkelijk en stond nog steeds stoer en nauwelijks levend te prevelen totdat hij ineens snel wilde gaan zitten. Dat doet snoeiharde topsport met een mens.

Ooit zei Gerrie Knetemann, wielrenner, wereldkampioen en vele malen Tour-etappewinnaar en later orakel binnen de Nederlandse samenleving, me dat topsport werkelijk alles losmaakte in je lichaam. Letterlijk: ‘Ik ben weleens over de finish gekomen dat ik zo verschrikkelijk kapot was dat ik tegelijkertijd moest piesen, poepen, kotsen en huilen en ik wist niet wat er als eerste uit kwam, ik denk tranen.’ Ik zei toen iets terug als ‘Topsport is lekker gezond?’ en hij lachte dat bruusk weg: ‘Ben je belazerd. Het is een ziekte om topsporter te willen zijn.’

Het bewijs hebben we twee weken achtereen gezien

en beluisterd en waarschijnlijk hebben we ons ook wel verbaasd over de opmerkelijke meren van tranen. Sign of the time, bedacht ik. We leven op deze wereld al meer dan anderhalf jaar in een voor ons allen onbekende pandemie waarin niets normaal is en waarin we proberen te doen alsof dat wel zo is. We willen dus ook graag aan sport doen zoals we dat altijd deden voor begin 2020.

Maar dat ging dus niet; om diverse redenen moest er gas teruggenomen worden, werden competities afgelast, konden trainingen niet meer plaatsvinden, waren er geen wedstrijden meer en was de toekomst slechts in nevelen gehuld.

Dat in augustus 2020 een signaal uit Japan doorkwam dat de Olympische Spelen van Tokio met een jaar uitgesteld werden, hielp niet echt mee om topsport weer in een steviger schema gevoegd te krijgen, ook over de eventuele doorgang in 2021 hing meteen een voile. Al die maanden, weken en dagen moesten mensen die zichzelf topsporters mochten noemen zich in een grote boze wereld waar niets meer normaal was, voorbereiden op iets tamelijk triviaals: het deelnemen aan een groot, internationaal sportfestijn, ooit uit idealistische overwegingen opgericht en georganiseerd en uitgedijd tot een monsterlijk commercieel gedrocht waarin persoonlijk succes, veel (letterlijk) persoonlijk verlies en ook enorm prettige gevoelens met elkaar botsten.

Al die tienduizend sporters hebben ook anderhalf jaar pandemie achter zich, hebben mensen uit hun familie en vrienden, kennissen en collega's verloren, hebben zich geërgerd aan diverse factoren die ons leven zo wankel maakten, maar tegelijkertijd moesten ze in vorm in Tokio aan de start zien te komen en daarvoor hard trainen, afzien en ook binnen de regels van 'het nieuwe leven' dingen doen als gevaccineerd worden, altijd met kapjes voor de snuit leven en anderhalve of twee meter afstand bewaren. Kortom: er veranderde veel in het leven van ook de sportende mens. Hun 'normaal' was ook ineens veranderd.

En toen kwam Tokio, toen kwamen aangepaste maatregelen, toen kwamen 'positieven' en quarantaine-hotels die op gevangenissen leken en toen werd duidelijk dat van het bekende karakter van de Olympische Spelen alleen was overgebleven de competitie en de wil te winnen bij de deelnemers.

Wat nieuw was? Dat er gesport moest worden in vaak beknellende stilte en ook nog eens onder extreme weersomstandigheden. Bakovensport werd het genoemd. Het feit dat er aan atletiek gedaan werd in een stadion waar 90.000 toeschouwers een plaats konden vinden, maar er slechts een paar honderd aanwezig waren omdat werkelijk alle regels van olympische vastigheden (veel en enthousiast en divers publiek) losgelaten werden om toch maar te zorgen dat het virus buiten het dagelijks leven van de olympische sporters werd gehouden, maakte het 'nieuwe' leven er niet leuker en vrolijker op. Sporten in stilte werd het devies en dat werkte voor velen vervreemdend, hoewel, zo begreep ik, er wel snel van een zekere gewenning sprake was.

Die topsport in stilte wierp voor alle deelnemers een nieuwe manier van 'aan sport doen' op. Geen aanmoedigingen, geen applaus, geen blije vrolijkheid, geen vlaggezwaai, geen olympische dagelijkse blije beelden, geen meegezongen volksliederen, gedrochten van ceremonies, geen ererondes voor volle tribunes voor de winnaars, maar slechts een vaak beklemmende stilte waarin geacteerd en gepresteerd moest worden en waar de winnende, sportende mens zichzelf een medaille om de nek moest hangen.

Natuurlijk werd er in het verleden ook gezond olympisch gejankt, maar in Tokio werd meer gehuild en getreurd dan voorheen. Natuurlijk was er vóór Tokio ook altijd een ware bibliotheek aan kwetsbaar makende verhalen bij veel sportmensen aan te treffen; over verlies van ouders, familieleden, teamgenoten, over tegenslagen en zware blessures van allerlei aard maar juist dat soort verhalen viel heel goed in de smaak tijdens deze Spelen van Tokio.

De kwetsbare mens, de hardlopers die in stilte moesten rennen, de basketballers die voor lege tribunes hun kunstjes vertoonden, de handbalsters die voor een handvol juryleden scoorden en die hun vaste decors misten, zij allen werden, zo leek het toch, in hun kleine kamertjes teruggeworpen op verhalen en herinneringen uit hun eigen bestaan van de laatste achttien maanden, inclusief de zware trainingsdagen in deze nog steeds doorgaande pandemie.

Ik kan me niet indenken dat iemand in Tokio het geweldig naar de zin heeft gehad. Ja, de gewenning in de tweede week werd licht voelbaar, maar de bekende olympische sfeer, waarin de sportende mens in volledige vrijheid kon bestaan en waar tafeltennissers naar hockey gingen kijken en BMX'ers een middagje basketbal 'deden', ontbrak. De Spelen leken op het leven in een gesloten internaat.

Er was daardoor meer plaats voor het tonen van emoties dan voorheen. Ik denk dat corona velen van ons en dus ook veel olympische deelnemers (flink) geraakt heeft en gevoeliger of mentaal kwetsbaarder heeft gemaakt. Wellicht dat menswetenschappers dat kunnen gaan uitzoeken. Of het erg was dat zovelen in Tokio aan het janken, snotteren of slikken waren? Nee, ik had er geen enkele moeite mee.

En ik, als sport-geharnast volger op afstand? Ja hoor, ik schoot ook eerder vol dan me in het verleden gebeurde. Toen zevenkampster Emma Oosterwegel dermate snel haar 800 meter beëindigde dat ze wellicht nog 'brons' zou kunnen krijgen, stond ik met natte ogen een landgenote aan te moedigen voor mijn eigen televisieapparaat. Ik kende haar niet en had haar eerder nooit opgemerkt en nu was ik haar fan en brulde 'kom op, kom op, zet door' door de bijna lege kamer. De poezen zaten me vreemd aan te kijken. Ik denk niet dat ik de enige in Nederland ben geweest die dit deed. Het voelde wel goed aan, moet ik zeggen. Was dit het nieuwe normaal in deze pandemie?

Er was één sportvrouw die, na haar verloren boksduel, vrij stevig in haar schoenen bleef staan: Nouchka Fontijn. In het korte vraaggesprekje na afloop van haar verlieswedstrijd begon de NOS-tranentrekker-van-dienst wel over haar terugtreden uit de bokssport, maar ze pareerde vrij rustig: 'O ja, dat onderwerp komt dus ook nog.' Touché! Heel even dreigden zachte tranen op te wellen, maar ze schudde het hoofd, haalde goed adem en zei, kordaat en zeker: 'Het is goed zo.'

Droog.

'Het is goed zo,' waren de woorden van een bewust levende ex-olympiër.

Prachtig.

Bescheiden en trots

Olympische ploegbaas Pieter van den Hoogenband was 'bescheiden en trots' toen hij over zijn schouder achteromkeek en 36 medailles zag liggen.

Nederland sportland gloort, en terecht. In twee weken verbaasden sportmensen ons, toonden ze een ongekende diepgang en konden we met z'n allen in vrijheid en blijheid van hun prestaties genieten. Soms met een mondkapje voor het gezicht.

Ondanks het feit dat ook de Nederlandse maatschappij nogal kraakt en piept, dat 'we' nog weleens ontevreden zijn over het coronabeleid in ons land, waren de achterliggende weken een opsteker van jewelste; nationale trots kreeg vrij baan en toonde zich in vele decibellen van geexalteerd taalgebruik op radio en televisie. We schreeuwden het met z'n allen uit: we telden mee. Zevende op de landenmedaillelijst en dat voor zo'n klein landje. 'We' behaalden die plakken in veelal 'eigen' sporten: op en in het water, op de fiets en spelend met de wind.

Waar we niet zo goed in waren? In teamsporten. Alleen vier vrouwenploegen (hockey, voetbal, waterpolo en handbal) en een mannenploeg (hockey) waren aanwezig. Twee basketbalploegen, twee volleybalploegen, de mannen waterpoloërs, voetballers en handballers, de honkballers en softbalsters, zij allen waren veroordeeld tot thuis kijken.

Het NOC investeerde ruim 30 miljoen in al deze teamsporten; alleen de vrouwenploeg hockey bracht goud mee naar huis; alle anderen poedelden min of meer of hadden zich niet weten te kwalificeren. Opmerkelijk, als je het afzet tegen bijvoorbeeld Frankrijk, dat in de grote, echt tellende teamsporten zeer hoog scoorde.

Nederlanders zijn vaak aangezien voor 'eigenheimers', voor solisten vooral, voor misschien wel eenlingen, maar Tokio 2021 toonde ons een grote mate van sociale eenheid bij de roeiers, terwijl we ook moeiteloos geloofden in de bubbel waarin alle wielrenners zich bevonden en die aanstekelijk overkwam. En ja, in het vrouwenhockey bewezen we ontegenzeggelijk de sterkste ploeg ter wereld te hebben.

Het was niet altijd jubelen; de judoploeg stootte flink het hoofd en zo soms viel een redelijk onbekende sporter uit een redelijk onbekende sport in de luwte tussen medailles en gejuich en hun eigen, bijna geruisloze optredens. Zoals altijd bij de Spelen gebeurt.

Ik leerde dat dit trotse sportland één medaille op 485.406 inwoners kon bewonderen. Wereldtop dus, ongeveer ter hoogte van andere kleine landen als Hongarije en Denemarken. Opmerkelijk, nietwaar? Maar of dat werkelijk belangrijk is in ons bestaan?

Speciaal voor Thierry Baudet en Geert Wilders nog dit: zijn jullie tevreden over de inzet, het doorzettingsvermogen en de doortastendheid van de 'nieuwe vaderlanders' Sifan Hassan en Abdi Nageeye? Mensen die met helemaal niets in dit land mochten binnenkomen omdat ze niets hadden en op enig moment droomden van een sportcarrière. Hebben jullie gezien hoe laatstgenoemde 'sociaal' was en zijn vriend de Belg Bashir Abdi naar brons leidde? Heeft u gezien dat sport zo nu en dan een prachtig voorbeeld voor het 'andere leven' kan zijn? Het beste uit jezelf halen, hard werken, bescheidenheid etaleren en ja, ook iets van trots met je dragen. Als je dat tenminste verdient. Ook voor hen gold: Nederland sportland. Ook al relativeer je alles terug tot nul, ook al houd je niet van sport, dan toch moeten de twee olympische weken u voor dit moois de ogen geopend hebben.

Louis van Gaal revisited

Ik heb onlangs een zeer goede cd gekocht: 'Layla Revisited' van de Tedeschi Trucks Band. Een Amerikaanse band van nu die het werk van Derek and the Domino's van 1970 nogmaals speelt, in een hedendaags jasje. De songs van Eric Clapton klinken eender, maar zijn toch een toefje anders; het luisteren naar de bekende muziek geeft je een opgewekt gevoel. Genieten van oude wijn in nieuwe zakken is dus weleens mogelijk.

Ik heb ook het 'optreden' van Louis van Gaal in Zeist gezien. Vooraf dit: ik erken ruimschoots hem een goede trainer te vinden, ik heb soms heel even in zijn omgeving verkeerd en behoor niet bij de Van Gaal-bashers die hem voor gestoord en meer uitmaken. Ik zit meer in de hoek van de 'Beobachters', van mensen die naar hem luisteren en kijken en dan vaak hun schouders ophalen en de boel laten voor wat die is. Of die iets verder willen kijken dan hun eigen neus lang is.

Voetbal is me vaak niet boeiend genoeg om daar veel aandacht aan te besteden, maar ik geef toe dat ik van zijn 'optredens' weleens flink onder de indruk ben geweest, zonder dat ik nu meteen een volgende show van de man wenste te zien. Je kan van Van Gaal veel zeggen, maar niet dat hij een saai en ingeslapen mens is geworden daar in het warme Portugal.

Zijn presentatie als bondscoach van het Nederlands elftal bij de KNVB in Zeist deze week kan bijgezet worden in het rijtje 'wegens enorm succes geprolongeerd' en dat was nu precies de grote tegenvaller van alles. Veel van wat hij zei (soms op dicteersnelheid voor de arme goegemeente tegenover hem) was bekend; het was zijn bread & butter, het waren zijn vaste denkpatronen. Wat ik ook niet snel vergeet was zijn binnenkomst in dat Zeister zaaltje. Hij moet zijn acties van Louis XIV hebben afgekeken; die iets te langzame passen, de kin hoog, zijn gehoor vorsend.

Zoals ooit de Amerikaanse honkbalcoach Yogi Berra zei: 'It was "déjà vu" all over again' en dat is geen echt goede kritiek. Wellicht ingegeven door de karakters van het journalistenpubliek in Zeist bereed hij zijn stokpaarden, die alle bijna zonder weigering over het niet al te moeilijke parkoers trokken. Links en rechts tikte hij een balkje aan, soms bleef iets in de hindernislepels hangen en met enige moeite haalde hij de barrage, een licht filmpje transpiratie op het hoofd.

Begrijp me goed; de man is een fenomeen (geworden) en weet dat, net zoals wij dat weten. Naar hem luisteren is vaak spannend en vraagt oplettendheid en nee, hij raaskalt lang niet altijd en hij haalt zijn slagen met een Kukident-glimlach binnen. Zijn pas-de-deux met de uitgeruste Bert Maalderink van de NOS was een bijna liefdevolle paringsdans tussen twee mensen die hun eigen rol in deze voetbalwereld goed kennen en uitstekend weten te spelen en ook snappen dat ze elkaar nodig hebben om in die merkwaardige voetballerij enigszins overeind te blijven.

Werkelijk niets nieuws, dacht ik wel nog even, inclusief de woorden van Maalderink die zei dat hij eigenlijk ook wel vond dat Van Gaal de juiste man op de juiste plaats was als het om het bondscoachschap ging. Ik denk dat ieder weldenkend mens datzelfde vond, dus zo merkwaardig of opvallend waren de woorden van Maalderink toch ook weer niet. Ze klonken bevestigend, zoals 'Layla' uit de snaren van de Tedeschi Trucks dat ook deed.

Een paar vrienden vonden het toch weer een echte 'Van Gaal-voorstelling', met van die typische, ietwat tenenkrommende momentjes waarop licht plaatsvervangende schaamte om de hoek kwam. Iemand noemde het zelfs 'een flink opgeblazen show'.

Zijn 'Wie zou het anders moeten doen?' was de grootste tegeltjeswijsheid van de dag en de vraag stellen is hem beantwoorden met 'Van Gaal'. Maar zeg dat nou niet over jezelf en zeker niet met het aplomb dat de nieuwe bondscoach eraan gaf. Een simpele zin met nauwelijks verholen trots in de bovenlaag. Stel, hij had zichzelf niet opgeblazen en de pers uitsluitend nuttige informatie gegeven (hoe hij denkt te gaan spelen, welke spelers hij voor welke plaatsen heeft en zelfs even het feit dat hij maar anderhalve dag voorbereiding voor de wedstrijd tegen Noorwegen heeft)... dan was dat toch voldoende geweest?

De bekende karteltjes van Van Gaals gedachten sprenkelde hij door de hele voorstelling heen. Zijn Houdini-act met de verklaring over de tekst die hij tegen het Oranje vrouwenelftal had uitgesproken ('Kijk naar het EK heren. Dan zie je dat een veredeld stelletje sterren het niet kunnen') mocht er trouwens wezen en wekte bij menigeen een ietwat slappe glimlach op. Natuurlijk, wij dachten dat hij daarmee het Nederlands elftal bedoelde, maar waarom hadden we met z'n allen niet meteen ingezien dat hij, Louis van Gaal, het over Portugal en Frankrijk had?

Ook de zachtaardige zelfbevlekking 'Ik heb gelezen dat het volk zich achter mij heeft geschaard' wekte niet eens echte wrevel op. Van Gaal denkt waarschijnlijk zo. Van mensen als Arie en Avital Selinger, Phil Jackson, Dick Advocaat, Joe Torre, Gregg Popovich, Jacques Orie of ooit Enzo Bearzot hoorde je nooit zulke zinnen of termen. Misschien dachten ze dat soms in een onbewaakt moment van hun leven weleens, maar het was niet iets om ooit zelf naar buiten te brengen.

En dat doet Van Gaal dus wel. Hij doceert de momenten, hij vertelt ze met flair en je ziet hem zitten alsof volkszanger Jeroen van der Boom zojuist een Edisonachtige vertolking van een wonderschone ode aan de man van veel gezichten heeft gespeeld en gezongen. Maar ook die momenten kennen we dus en ze gaan langzaamaan vallen in de categorie van 'hoeven we niet te weten, hebben we al gehad'.

Echt, ik geloof dat hij veel van voetbal weet en hoop dat hij zijn vakkundigheid weet in te zetten om een tamelijk ingewikkeld proces (het klaarstomen van een sportploeg binnen een extreem korte tijd) tot een goed einde te brengen. Al die pluspunten die hij bij velen heeft, tellen in zijn voordeel. Dat hij op gezette momenten en tijden 'voller van zichzelf is dan van dat moeilijke proces' is juist de angel in zijn bestaan.

Natuurlijk hoeft hij die uitspraken niet op ons los te laten, maar blijkbaar zit 's mans persoonlijkheidsstructuur zo in elkaar. Daar kan je je aan ergeren, maar je kan het ook weglachen of gewoon laten passeren als een frisse avondwind in augustus. Schouders ophalen zoals je een ‘roast-tekst’ van Martijn Koning hebt aangehoord: het is niets verschrikkelijks, het schuurt even en meer is het werkelijk niet.

Ik verheug me behoorlijk op de komende voetbalwedstrijden van Oranje en hoop met plezier en ook vol verwachting te kunnen gaan kijken. Ik ben benieuwd hoe Van Gaal zijn spelers in het veld krijgt. Per slot van rekening wordt een trainer afgerekend op hun prestaties. Of ligt dat bij Van Gaal toch net iets anders? Over die vraag twijfel ik nog.

Heel even speelde Van Gaal de tonen van het oude liedje. Ooit had ik ze gehoord bij Ajax, AZ, Barcelona, bij München, in Manchester en op het Museumplein in Amsterdam. Momenten die je als sportvolger niet snel zult vergeten.

Derek Trucks slaagde er met zijn vrouw (Susan Tedeschi) en zijn machtige bluesband in om vernieuwend iets ouds op te poetsen en een rijk album aan ons te presenteren. Jezelf kunnen vernieuwen door het spelen van oude songs is een helse kunst en vraagt artistieke beheersing, klasse en ja, ietwat terughoudendheid.

Zet ’m op Louis. Maak het waar. Jouw voorstellingen kennen we inmiddels. En Bert Maalderink wil nog weleens wat nieuwe uitdagingen aangaan in het leven. Misschien dat hij zich ook wil vernieuwen.

Een steekje los

Ja, ik moet bekennen dat ik de hele nacht opgebleven ben om de Australische tennisser Nicholas Hilmy Kyrgios te zien spelen tijdens de US Open en ik heb er geen seconde spijt van gehad. Ik moest de dag erna wel een extra middagtukje maken, na die idioot verlopen wedstrijd van de Aussie tegen de vormelijke, altijd hyper-serieus ogende Roberto Bautista Agut, een Spanjaard die de wedstrijd overigens moeiteloos won.

Naar toptennis kijken is inmiddels een ware passie geworden. Niet dat ik alles van Kyrgios wil of moet zien, maar als de mogelijkheid zich voordoet, graag.

Deze week was het weer zo'n bonte avondtrein van fabelachtige shots, verbale ontsporingen, dwaasheden zoals het expres slordig weggooien van handdoeken, ruzies met de scheids, idiote opmerkingen die hij zomaar de lucht in slingerde, wangedrag en soms ook nog oogverblindend fraai tennis. De Spanjaard, laat dat duidelijk zijn, bleef (ogenschijnlijk) rustig en won: 6-3, 6-4 en 6-0.

Kyrgios had zich weer eens van zijn slechte kant laten zien, maar kreeg tijdens de partij, werkelijk waar, het grootste deel van het Amerikaanse publiek achter zich en verliet onder luid applaus de baan. Het publiek hield van zijn fratsen. Merkwaardig en ook weer niet, want tennispubliek van over de hele wereld heeft iets met deze thans 26-jarige man, die allang geen topspeler meer is maar het wél zou kunnen of moeten zijn.

De kwestie waardoor hij dit keer ontspoorde, was de plaats van de handdoek in de wedstrijd. Omdat in New York de strenge Covid-19 regels strikt worden gehandhaafd, mogen ballenjongens en -meisjes en anderen op het veld de handdoeken die de spelers en speelsters gebruiken niet aanraken. De sportmensen zijn zelf verantwoordelijk voor het meenemen van de grote, witte handdoeken. Die kunnen dan in bakken gedeponeerd worden aan de achter-zijkant van de baan van de betreffende atleet.

Dat is een simpele regel, iedereen kent die en houdt zich daaraan. Het is immers een fluitje van een cent je eigen handdoek op te pakken, mee te nemen, even in die bak te leggen en na een minuut of wat in gepeins op je eigen bankje te hebben gezeten verder te spelen. Maar zo niet voor Kyrgios.

Het was die avond in New York stomend heet en iedereen had daar last van. Zwetende spelers, zwetend volk op de tribunes en Kyrgios is een bekend groot zweter. Hij moest de hele wedstrijd deppen en deed dat. Als hij uitgedept was, als hij zijn handen gedroogd had, als hij de grip van zijn racket behandeld had, wierp hij heel vaak met grote nonchalance de handdoek achter zich weg; laat ik zeggen ongeveer in de richting van de bak aan de kant van de baan. Vaak ook fladderde een doek verder, waarna de stoelscheidsrechter, Carlos Bernardes, wel op móést treden; de joviale man deed niet vervelend streng tegen de Aussie maar wees hem eerder vaderlijk de weg.

Duidelijk hoorbaar reageerde Kyrgios dat hij hier in New York was om te tennissen en niet om handdoekopruimer te zijn. Luidkeels: ‘Ik verdom het om al die extra meters af te leggen. Dit is niet mijn werk, laat anderen dat doen.'

Na wat scheidsrechterlijke tussenkomsten werd het een verbaal gevecht waarbij de Australiër flink buiten zijn oevers trad en het woord 'fucking' diverse malen over de baan smeet.

Het tennis inmiddels was van een zeer hoog niveau geweest in de eerste vier games van de eerste twee sets en was ineens naar een bedenkelijk niveau gezakt, alleen omdat de opstandige Kyrgios de smoor in kreeg en zichzelf niet meer in de hand had. Hij vloekte, tierde, raasde en sloeg zo nu en dan ongekend mooie shots langs de Spanjaard, die dit alles rustig aanzag in zijn 'eigen zone'.

Tussen al dat gemopper en 'sarren' door had Kyrgios ook de lachers en onwetenden weer achter zich gekregen door (let wel) vijf maal onderhands te serveren. Vijf maal overigens in het net, maar hij bleef er pesterig mee doorgaan. Toen hem aangezegd werd dat de handdoekenregel bij de wedstrijd hoorde, reageerde hij: 'Als ik nu moet poepen, hoort dat volgens mij ook bij de wedstrijd, of niet soms?' Wat moet je dan als scheidsrechter zeggen of doen?

Kyrgios sleepte er allemaal voorbeelden van spelers bij die voor langere tijd de baan verlieten om zich om te kleden (natte kleding) en ongestraft twaalf minuten van de baan vertrokken, hij keerde werkelijk zijn hele vuilnisbak met rommel om, schold, tierde: 'Ik moet die "fucking" handdoek overal neer kunnen leggen waar ik wil!'

Toen de scheids antwoordde 'Door Covid-omstandigheden is de handdoekenregel in New York "part of the game" geworden en daar moet jij je ook aan houden', kreeg hij een snauw terug: 'Ik ben tennisspeler.'

De Kyrgios-antwoorden waren venijnig en brutaal en deden de partij bepaald geen goed. Hij haalde voorbeelden aan van spelers die, zittend op hun bankje 'betrapt waren' bij het lezen van tekstberichtjes van hun coaches, van speelsters en spelers die zich ridicuul lang gingen douchen en verkleden tussen set 2 en 3 in, van buitenproportioneel lange medische time-outs, van, inderdaad, deelnemers die 'even gingen poepen' tussen de sets in. 'And that's all part of the game?' vroeg Kyrgios boos. Daaroverheen gooide hij ook nog: 'I don't like playing tennis at fucking midnight. (Mind you: zes uur in de ochtend in Nederland en ik keek nog steeds.)

Kyrgios raasde door, liet soms fluisterend mooi spel zien met prachtige passeerslagen en snoeiharde services, maar ook vette afzwaaiers, boze missers, nog meer schelden en verloor de derde set met de weerzinwekkende cijfers van 6-0. Bagel.

Verbaasd zag ik dit alles aan. De authentieke sportplurk was weer eens bezig. Een, zo leek het, getraumatiseerd mens. Boos op de wereld, kwaad op zichzelf, briljant hier, stupide daar. Tennissen kan hij als de beste, maar ergens in zijn hoofd zit een schroefje los. Ja, hij heeft al psychologische ondersteuning en hulp gekregen, maar dat hielp niet.

Overal ter wereld speelde hij wedstrijden waar de stoppen doorsloegen en hier op Flushing Meadow (vertaling: de weide van Vlissingen; ooit, eeuwen terug, eigendom van een Nederlandse boer-landverhuizer) was het weer eens bal.

Het is niet prettig om een sportend mens zo te zien degenereren. Het werd op enig moment zelfs zielig. Hij wist geen uitweg meer te vinden uit zijn geknoei, zijn tennis leek in de derde set nergens meer op en hij 'tankte' zich de wedstrijd uit, sloeg ballen zes meter uit, gromde, vloekte en verdween.

Let wel: hij is een speler die in zijn allereerste confrontaties met Federer, Nadal en Djokovic wist te winnen! Maar hoe goed hij ook was, hoe briljant hij ook toernooien en belangrijke partijen won en verknoeide, hoe geliefd hij bij de dames ook is, hoe graag toernooidirecteuren hem ook in huis halen, hoe groot zijn 'faux pas' ook zijn, hij overspeelde op deze avond zijn beide handen. Fucking this and fucking that.

Ooit kreeg hij, bij het toernooi van Cincinnati, een boete van 113.000 dollar. Ook omdat hij overkookte. Het interesseerde hem niet. Een tijd later stond hij aan het hoofd van alle Australische tennissers die geld inzamelden voor slachtoffers van de heftige bosbranden in eigen land. Hij doneerde per geslagen ace een bedrag van 200 dollar en ging, sociaal bewogen, alle anderen voor. Dat dus ook. Hij deed het spontaan en met zijn hart. Nick Kyrgios heeft vele gezichten, vele karakters ook.

Zijn hoogste positie ooit op de tennisladder? Achttiende, meen ik. En hij zou toch zoveel beter kunnen. Zelfs oud-tenniskampioen John McEnroe, die toch ook flink tekeer kon gaan op de baan, heeft hem ooit verbaal de wacht aangezegd: 'Clean up your act, man. Dit heeft niets met tennis te maken.' Maar McEnroe zei er tevens bij: 'Als ik uit het hele circuit van nu één speler zou willen coachen, dan zou dat Kyrgios zijn. Hij kan zó goed worden.'

Nick Kyrgios, zoon van een Griekse vader die huisschilder was en een (let op) Maleisische prinses die afstand deed van haar koninklijke titel, afkomstig uit Canberra, streng Grieks katholiek opgevoed, veganist, fan van de Boston Celtics en Tottenham Hotspur, bedgenoot van menig jong toptennisspeelster-in-spe, entrepreneur met cryptomunten, bezitter van ongeveer 10 miljoen dollar op de bank, wonend op de Bahama's, houdt van blingbling, Nike, dure koptelefoons, extravaganza, NBA-adept, warrig, steengoed en soms strontvervelend.

En dat allemaal in een nacht in een doodstille kamer in Haarlem bekeken.

‘Absolutely stunning’

‘Absolutely stunning’ noemde oud-kampioen John McEnroe het spel van de Britse tennisster Emma Raducanu tijdens de US Open. Ze had in een wervelwind van rake slagen de Griekse Maria Sakkari mores geleerd en zich geplaatst voor de finale. Tweeënhalf uur eerder had ik rechtop in bed gezeten bij de ware thriller waarin de Canadese Leylah Fernandez de potige hardhitter Aryna Sabalenka (Wit-Rusland) de tent had uitgeveegd en daarmee de andere finalist was geworden.

Terwijl er op de tribunes van New York nog maar heel weinig te merken is van Covid-19 maatregelen en iedereen opeengepakt zit te schreeuwen en loeien, zullen twee tieners in de finale tegenover elkaar staan in het ‘luidste’ en meest volkse tennistoernooi ter wereld.

Makkelijke rekensom: Fernandez (net 19 geworden) en Raducanu (18 lentes jong) zijn samen jonger dan Serena Williams in haar eentje is (bijna 40). Over de Amerikaanse sprak niemand meer in New York. Topsport kan keihard zijn: de oude kampioene kan niet meer presteren dus is er plaats voor volgende sterretjes en die stapten beiden met graagte en hoge benen in de opengevallen plaats.

Is het normaal dat je als volwassen Europeaan je eigen nacht volledig openbreekt en twee maal per jaar twee weken lang omgekeerd gaat leven om naar toptennis te kijken? Ik moet toegeven dat ik dat inderdaad doe.

De Australian en US Open vragen om zo'n aanpak en als je een superfanatieke tennisfan bent zoals ik, dan heb je zo'n leef-slaap-ritme over voor je passie.

Het gevolg is dat ik ook mijn eigen eega in de loop der tijd heb aangestoken en we deze hele nacht samen naar de finale hebben gekeken. Tegen vieren zeiden we: 'Wat een waanzinnige nacht, wat een toptennis!' Opstaan om acht uur, dat dan weer wel.

Natuurlijk diende dit patroon zich al aan vanaf de start van de US Open. Ik wist niet dat jonge vrouwen zo goed konden spelen als deze twee. Ik wist ook vrijwel niets van hun eerdere uitslagen dit jaar, vaak een bewijs van je tanende geheugen.

De Canadese had op de Olympische Spelen in Tokio gespeeld en was daar niet verder gekomen dan de tweede ronde. In New York echter begon ze een werkelijk ongekende reeks winstwedstrijden. Niet alleen dát ze die partijen won was opmerkelijk, het was vooral de manier waarop ze dat deed: onbevangen, lichtvoetig, grappig, onconventioneel, vrolijk en licht volwassen. Aanstekelijk leuk om naar te kijken.

Leylah Fernandez (geboren in Montreal op 6 september 2002) reeg achter elkaar de 'volwassen' dames Konjuh, Kanepi, Osaka, Kerber, Svitolina en Sabalenka aan het spit en danste, stralend en toch een tikje ontroerd, de finale binnen.

De linkshandige, kleine Canadese verbaasde de gehele sportwereld met ongelofelijk fijnzinnig passeerwerk, harde services, kleine, gemene dropshots, ook vuile afzwaaiers, maar vooral met een werkelijk verkwikkend frisse manier van spelen. Ze moppert niet, ze loopt niet snel naar haar handdoek, ze pakt meteen de bal op en serveert, ze heeft dus nog geen trucjes en foefjes en ze staat er om lekker te spelen.

Haar soms zeer venijnige kick-services zijn een groot wapen in haar spel en ze doet nóg iets dat je niet heel veel ziet: als ze een kwaliteitsbal heeft gescoord, heft ze haar vuist en arm en jubelt fysiek zichtbaar voor publiek en tegenstandster.

In New York werkte dat puur in haar voordeel; het typische Big Apple-publiek (luid, soms zelfs grof, en zwaar partijdig) koos in alle wedstrijden haar kant. Tegenspeelster Sabalenka ging daar bijna aan onderdoor, toen een dubbele fout van de Wit-Russische geweldig applaus van het publiek opleverde. Jammer.

Fernandez was dus de eerste jonge heldin in de halve finale van NY, later voegde Raducanu zich daar moeiteloos bij. De Britse speelt zakelijker en wellicht iets geroutineerder dan de Canadese. De Britse dook net iets eerder op in het profcircuit-op-niveau toen ze de vierde ronde van Wimbledon 2020 haalde. Raducanu is niet zo sprieterig en springerig als Fernandez; ze is net iets meer vrouw dan meisje, hoewel ze echt pas achttien jaar oud is. Haar spel heeft ook briljante momenten, met passeerslagen die langs een liniaal gelegd kunnen worden en waar de vreugde soms afspat. Ze doet zelfs al een beetje 'Brits' koel en toont vleugjes van gevoel als het even tegen zit. Ze heeft nu al iets van 'controle' over zichzelf en kan, schijnbaar moeiteloos, van tempo veranderen in elke slagenwisseling.

Raducanu reeg in NY de dames Vögele, Zhang Shuai, Sorribes Tormo, Rogers, Bencic en Sakkari aan haar degen. Dat ging makkelijk overigens, dodelijk precies en met een mooie, zeer vrouwelijke lach op haar gezicht.

Vandaar dat McEnroe zijn vaak grote (en leuke) mond opentrok en zijn kwalificatie 'absolutely stunning' de wereld in gooide.

De vrouwentenniswereld, die de laatste jaren geen duidelijke stabiele top kende (kijk naar negen verschillende winnaressen van NY achtereen) en waar op enig moment hele ladingen Oost-Europese speelsters op gravel en hardcourt werden losgelaten, verloor de zusters Williams (leeftijd) en wachtte op een nieuwe ster. Dat leek Naomi Osaka te gaan worden, maar na haar tijdelijk terugtreden is pijnlijk duidelijk dat topsport bedrijven een heel moeilijk vak is.

Dat zie je dus vreemd genoeg niet aan af aan het spel van Fernandez en Raducanu. Het zijn zeker nog geen onverschrokken veteranen, maar vrolijke veulens die door de tennisweide galopperen en de leukste sprongen maken. Geen bal is voor hen te moeilijk, ze poeieren, serveren, leggen de bal dood, scheuren en lachen.

Vooral het durven spelen van moeilijke ballen zit bij beiden al goed; ze hebben het (moeilijke) spelletje goed geleerd en worden blijkbaar goed getraind. Van goed trainen ga je goed slaan, goed serveren en een heel pallet aan slagen aanleren.

Niet aan te leren is om je persoonlijkheid in de wedstrijd te leggen en dat maakt deze twee meiden zo leuk om naar te kijken. Ze zijn nog lang niet blasé en verwend maar hebben nog een jeugdige vrolijkheid.

De twee meiden zijn het overduidelijke bewijs dat onze wereld echt in beweging is. Fernandez is de dochter van een oud-profvoetballer uit Ecuador (Zuid-Amerika), haar opa en oma hebben de Peruviaanse nationaliteit. Haar moeder komt uit een Filippijnse familie die heil zocht in Canada. De jonge familie woonde in Laval, een voorstad van Montréal, waar Leylah ter wereld kwam. Fernandez spreekt vloeiend Frans, Engels en Spaans.

Een paar honderd kilometer van het geboortehuis van Fernandez vandaan, in Toronto, kwam Raducanu ter wereld. Beiden zijn dus geboren Canadezen. De vader van Emma is Roemeen, die vluchtte voor het angstaanjagende communisme en haar moeder komt uit de Chinese miljoenenstad Shenyang. De beide ouders vonden een nieuw thuis in Canada en gingen werken in de financiële markt. Toen Emma twee jaar oud was, pakten ze de boel in Toronto in en verhuisden ze naar Bromley, een voorstad van Londen, om ook daar in de geldhandel te gaan werken. Raducanu stopte een half jaartje met trainen om haar Britse school goed af te maken en pikte later de boel weer op en ging winnen. Ze deed dat met haar Britse paspoort.

De vrouwenfinale in New York is dus een battle van twee tieners van 18 en 19 jaar. De tennissport mag collectief haar zegeningen tellen met de komst van deze twee meiden.

De winnares van de finale krijgt een cheque van tweeenhalf miljoen dollar en gaat daarbij hoogstwaarschijnlijk een beetje schaapachtig staan lachen, zoals meiden van die leeftijd doen. Beiden worden multimiljonair, dat staat vast. Good for them, toch?

Een heel hoge gunfactor

In juli 2013 was wielrenster Ellen van Dijk te gast bij de NOS in *De Avondetappe*, dat die avond uit het kleine Bretonse vissersdorpje Cancale kwam. Ik weet het nog goed. De destijds in Amsterdam wonende tijdrijdster kwam aanlopen naast een loods waar kisten en kratten met mosselen klaarstonden voor verzending door heel Frankrijk. Samen met de andere gast van de avond, Herman Ram van de Nederlandse dopingautoriteit. Ze was zichtbaar moe, maar een kans om eens te vertellen wie ze was, wat ze deed en hoe zij in het wielrennen van die dagen stond, liet ze zich niet ontgaan.

Nu, acht jaar later, herinner ik me nog heel goed hoe de gehele crew van het programma, zo'n 22 man/vrouw, viel voor de ontwapenende eerlijkheid en nuchterheid van de toen 26-jarige sportvrouw, die weliswaar licht gespannen was ('Dit doe ik ook niet iedere dag'), maar die onversneden direct antwoordde en daarmee een beeld creëerde van een pure sportvrouw die gedreven en gericht bezig was. Als ze iets in haar hoofd had zitten, zat het daar niet voor niets.

Ik weet ook nog hoe ze een uurtje voor het begin van de uitzending mij en de andere redactiemensen nog even opfriste, hoewel dat wellicht niet haar bedoeling was. Ze memoreerde dat ze goed kon schaatsen, zei dat ze tegen de kernploeg had aangezeten, dat ze geturnd had en ik meen dat ze ook nog volleybal gespeeld had. Daarna was pas de fiets gekomen.

Als een soort van verklaring van 'ik doe er ook nog andere dingen bij in het leven' liet ze zich ontvallen dat ze bewegingswetenschappen aan de VU had gedaan. Ze had haar bachelordiploma in ieder geval gehaald en richtte zich nu maar eens voor een tijdje op het wielrennen.

Ze verstopte deze feiten moeiteloos in een rustige vertelling over wat haar eigenlijk bezighield in deze woelige wereld, waar ze van training naar prestatie en van 'net niet' naar 'net wel' heen en weer bewoog. Ja, ze vond het topsportleven hartstikke boeiend, maar het vroeg wel wat van een mens, ook van haar.

Waar ze stond? Ze zei het niet met grote woorden, maar ze probeerde naar de top te komen. Als voorbereiding op het wereldkampioenschap tijdrijden was ze speciaal naar Italië gereisd om er om vijf uur in de ochtend de weg voor zich alleen te hebben.

Een maandje na haar optreden in *De Avondetappe* werd ze wereldkampioene. Ze reed in Toscane opmerkelijk goed de bochten. Het bleek dat ze die allemaal op video had gezet als leerstof. Zo'n sportvrouw dus, die in december 2013 in ons land al Sportvrouw van het Jaar werd (wie herinnert zich dat nu nog?) en toen eigenlijk pas aan het begin van een oogstrelende loopbaan stond.

Op die juli-avond in Cancale, in die zilte avondlucht aan de zee, won ze ieders sympathie door aardig, bescheiden, licht gespannen en toch ook uitgesproken te zijn. Ze bleek een hoge gunfactor te hebben, die ze acht jaar lang heeft kunnen vasthouden.

We maken een sprong van jaren waarin ze veel won, nog weleens iets brak, waarin ze titels verdiende maar 'net niet' ook nog weleens voorkwam. In die jaren ging ze langs vijf wielerploegen en ontelbare goede uitslagen, maar op een of andere manier werd ze niet of slechts heel zelden genoemd bij de Grote Drie. Vroeger hadden we in Nederland de cabaretiers Wim Kan, Wim Sonneveld & Toon Hermans, de schrijvers Reve, Hermans & Mulisch, en daarna kregen we Marianne Vos, Annemiek van Vleuten & Anna van der Breggen. Ellen van Dijk hoorde daar in de wielervolksmond (nog) niet bij. Een rol als die van Seth Gaaikema of Paul van Vliet, stel ik me voor.

In 2021 werd ze wéér wereldkampioene tijdrijden. Fraai en met overtuiging, net zoals de Europese titel op de weg, kort tevoren, dat was.

Het is opvallend dat iemand zo lang aan de top van het mondiale wielrennen kan blijven zonder ernstige geestelijke of lichamelijke hiaten in haar loopbaan op te lopen. Ja, valpartijen, een kapotte heup, sleutelbeenbreuk, nog meer valpartijen, maar steeds weer herstelde ze en kwam ze terug. Met een lach.

De fraaiste beelden van haar laatste kampioenschap kwamen pas na haar rit. Ze moest op de 'hotseat' plaatsnemen. Voor mensen die dit verschijnsel nog nooit gezien hebben: dat is een ietwat opvallende stoel die bij tijdritten naast de finish gezet wordt, waar diegene die de snelste tijd gereden heeft direct na haar of zijn race op móét gaan zitten. Die directieven komen van bobo's en zijn bepaald niet bedacht door de sporters zelf. Als je pech hebt en je hebt goed gereden, zit je heel lang niets te doen op die vervelende stoel en toont de televisie eens in de zoveel minuten jouw gezicht en expressies. Soms krijg je een flesje water aangeboden, maar voor de rest is het verspilde tijd. Bij Ellen van Dijk ging het net zo. De spanning werd opgebouwd toen twee rensters Van Dijks tijd gingen benaderen: de Zwitserse Marlen Reusser en Annemiek van Vleuten. Het kwam niet zo ver. Ellen van Dijk hield respectievelijk 10 en 24 seconden over voor haar nieuwe wereldtitel, acht jaar na Toscane.

Wat we zagen? Spanning, maar geen toneelspel. Ze wilde eerst geen contact met de camera, ze schoof op haar stoel, zuchtte eens diep en nog eens dieper, ze keek van het beeld weg en weer in het beeld terug, ze haalde een hand door haar haar, zuchtte, lachte heel even en ging weer verzitten. Hoe lang moest dit nog duren? Zucht, spanning... Mooie televisie.

Als toeschouwer voelde je bijna wat zij voelde. Is het genoeg? Heb ik hier niet al die tijd voor aap gezeten en word ik op het laatste moment toch van deze kolere stoel gereden? Nee, ze mocht blijven zitten, sloeg haar handen voor haar gezicht, haalde diep adem en genoot, trilde, huilde even, veegde de tranen snel weg, probeerde te lachen. Ze had weer gewonnen. Ze was weer de beste.

Iemand mooi hard zien fietsen is vaak een genoegen. Iemand op die stoel aan te moeten zien, nee, dat is meestal geen pretje, maar dat werd het in dit geval wel toen het resultaat in haar voordeel uitviel. Zij was de allerbeste tijdrijdster van de wereld.

Tijdrijden lijkt simpel: jij en je fiets en dan zo hard mogelijk rijden. Maar het vraagt enorme training, concentratie en bevlogenheid. Het is een uiterst moeilijk onderdeel van de wielersport, dat om precisie en zelfbeheersing en zelfkennis vraagt.

En dat alles kon zij aan de dag leggen. Ze reed de bijna perfecte race. Want dat leerde ik in 2013 van haar: je rijdt nooit helemaal perfect. Er is altijd wel een ietwat mislukt bochtje of een plots opduikend gevoel van vermoeidheid, waarna je snel gaat verzitten en de boel geestelijk heel probeert te houden.

Als je inderdaad die hoge gunfactor hebt, zoals ik die haar toebedacht had sinds 2013, dan is het logisch dat velen knikten toen ze hoorden dat Ellen van Dijk wereldkampioene tijdrijden was geworden.

Acht jaar geleden deed ze dat dus ook. Toen zat Mark Rutte pas drie jaar in zijn torentje en wist niemand hoelang we in dit land nog met hem door moesten. PlayStation4 kwam op de markt en 'Bohemian Rhapsody' van Queen stond op nummer 1 in de Top 2000. Ellen van Dijk was toen de beste en nu weer. Leuk!

Kapje af

Over de afloop van het WK wielrennen voor vrouwen, eind september in Vlaanderen, kan een boek geschreven worden, kan een film gemaakt worden, wellicht een musical. De priemende gedachte blijft hangen dat Marianne Vos weliswaar zilver won, maar toch had kunnen winnen. Was er wel goede samenwerking binnen Oranje?

Wellicht ten overvloede: de 34-jarige Brabantse Vos is een zeldzaam getalenteerd mens dat op waarde werd geklopt door de tien jaar jongere Italiaanse topsprintster Elisa Balsamo. Een fietslengte verschil zegt veel.

Wat de afloop van deze koers zo boeiend maakte, was de manier waarop de diverse Nederlandse dames terugkeken en hun gevoelens ventileerden. Sommigen spraken met meel in de mond, anderen lieten betekenisvolle pauzes vallen, de van de sport afscheid nemende Anna van der Breggen had 'genoten van de laatste twee rondjes', waarmee ze maar wilde zeggen: wat vooraan in de kopgroep gebeurde, interesseerde me eigenlijk niet meer. Een tamelijk opmerkelijke analyse.

De samenwerking stokte, geen van de meiden stak werkelijk de hand in eigen boezem, ze vonden het allemaal zonde voor 'de grootheid die Vos is' en in de nabespreking zouden de loszittende schroefjes wel aangedraaid worden. Werkelijk? Zelfs heel licht sluimerende jaloezie, die soms overgaat in elkaar iets wel of niet gunnen, kan perfect ploegspel op de helling zetten. Natuurlijk liet helemaal niemand, inclusief de met de rem op pratende bondscoach Loes Gunnewijk, het achterste van de tong zien. Dat lijkt daar de norm.

Vos, die dus naast haar vierde wereldtitel greep, verschoof tijdens het spelen van het Italiaanse volkslied haar mondkapje. Normaal neem je je hoofddeksel af, maar deze interpretatie van respect beviel me zeer. Een geweldige vondst, en een perfect gebaar.

Drie onbekenden

Het oktobert in mijn bestaan en dat betekent: de World Series komen eraan. Het is moeilijk uit te leggen, maar dat is zo ongeveer het boeiendste en (vaak) spannendste sportevenement dat ik ken. Niets haalt het voor mij bij de race naar de play-offs, de play-offs zelf en dan de echte Series waarin wordt uitgemaakt welke Amerikaanse profhonkbalploeg de beste van het 162 wedstrijden lange seizoen zal worden.

We zitten nu in het begin van die spannende weken. Dat betekent een fors slaaptekort, want, de Heer zij geprezen, via ESPN Nederland zijn de wedstrijden 's nachts te bekijken. Zo'n nacht mag ik dus niet missen en slapen kan altijd later nog.

Wat het dit jaar zo aantrekkelijk en leuk maakt is dat er nog drie 'Nederlandse' jongens meedoen die allen knettergoed zijn en bij de wereldtop horen. Uhhhh... Nederlandse jongens?

De gemiddelde Nederlandse sportvolger zal geen schok door de ellebogen voelen als de namen Kenley Jansen, Xander Bogaerts en Ozzie Albies klinken. De heren Jansen en Albies zijn geboren op Curaçao en Bogaerts is afkomstig van Aruba. Jansen speelt bij de Los Angeles Dodgers, Albies komt uit voor de Atlanta Braves en Bogaerts verdient zijn niet-onaanzienlijke salaris bij de Boston Red Sox.

Alle drie de mannen spreken Papiamento, Nederlands, Engels en Spaans, hebben een goede scholing op hun eilanden gekregen en spelen honkbal vanaf hun zesde jaar.

Binnen de Nederlandse honkbalwereld heeft, bij critici, altijd huivering bestaan om deze jongens van de Caraïbische eilanden als 'Nederlanders' te beschouwen, zoals de internationale honkbalbond dat wel doet. De mannen zijn lid van Team Koninkrijk der Nederlanden.

Puriteinen in Holland vinden dat spelers van de eilanden die in het shirt van het Koninkrijk uitkomen, de plaatsen innemen van Nederlandse jongens, honkballers van hier dus. Maar vergeet niet dat al sinds de jaren vijftig en zestig van de vorige eeuw spelers van de eilanden als Nederlanders werden beschouwd in de Nederlandse competitie. Toegegeven, de verhouding tussen het moederland en de zes eilanden ver weg zijn veranderd en aangepast, maar namen als Hamilton Richardson, Hudson John en Simon Arrindell behoren bij het Nederlandse honkbal-erfgoed.

Zij speelden en woonden het jaar rond in Nederland en dat geldt ook voor tientallen (misschien wel honderden) jongens van de Caraïben die naar Nederland kwamen om hun 'nationale sport' hier in de competitie te kunnen spelen.

Een man als Richardson werd een hier te lande bekende sportman die later hoofd Sport van het eiland Sint-Maarten werd en nu ambassadeur van de Johan Cruijff Stichting op de eilanden is. Tijdens de orkanen van 1995 en 1999 was Richardson actief als centraal figuur bij de reddingsoperaties op zijn eiland.

Terug naar de spelers van nu. Jansen is werper, Bogaerts speelt de mooie rol van korte stop en Albies is tweede honkman; alle drie moeilijke posities, die alle drie zeer goed ingevuld worden. Zonder enige vorm van chauvinisme kan gesteld worden dat de drie bij de allerbesten in Major League honkbal behoren.

Jansen (34) woont met vrouw en vier kinderen bijna permanent in Los Angeles en komt spaarzaam naar zijn eiland terug waar hij eigenaar is van een... honkbalclub.

Albies woont in Atlanta en is meer te zien op zijn eiland; hij is de jongste (24) van de drie en Bogaerts (29) is geboren in het schilderachtige dorpje Sint Nikolaas op Aruba en voelt zichzelf een echte Arubaan, hoewel hij ook nog op Bonaire woonde. Hij woont in de buurt van Boston en is een zeer geliefde persoonlijkheid. Hij heeft een rustige manier van leven, is behoorlijk gelovig opgevoed en komt daar ook voor uit. Ooit zei hij me: 'Gelovig leven en topsporten gaan heel goed samen, wie daaraan twijfelt moet maar eens met me komen praten.'

Dat laatste is nou net een punt van aandacht: in Nederland zien we deze mannen te zelden. De Nederlandse sportjournalistiek volgt hen op zeer grote afstand en ze gaan alleen heel even leven als de World Series eraan komen. De 162 wedstrijden daarvóór blijven onopgemerkt.

Gelukkig heeft de NOS, in de jaren achter ons, wel ruimte en geld besteed om de topspelers in Amerika, indien mogelijk, te volgen, maar enige consistentie bij de gedrukte pers in het volgen van het doen en laten van deze Amerikanen (en hun voorgangers) heb ik nooit kunnen ontdekken. Ja, het waren jongens van de Caraïben, het waren jongens die die ontstellend moeilijk te snappen honkbalsport speelden en het was ook zo ver weg en vooral: het was geen voetbal.

Daarover gesproken: de hierboven genoemde heren steken een grootverdienende voetballer ruim in de zak. Bogaerts verdient meer dan 20 miljoen dollar per jaar, Jansen zit op 17 miljoen en Albies moet het jaarlijks doen met het kruimelbedrag van ruim 7 miljoen. Dat zijn ferme contracten en grote bedragen, maar deze heren maken dat ook waar met hun spel.

Eind september werd de ploeg van het Koninkrijk – spelend zonder bovengenoemde profs – Europees kampioen! Maar heeft u wedstrijden via de televisie gezien? Ik denk weleens dat we zo van afstand blijven toekijken omdat honkbal zo klein is gebleven in ons land en dat wij, in weerwil van alle goede voornemens van redacties en acties vanuit de kleine honkbalwereld in Nederland, gewoon de interesse niet hebben voor een sport die zóóó Amerikaans is. Wat de boer niet kent dat vreet-ie niet, zoiets moet het zijn.

Of is het afkeer van het feit dat jongens van daar (de Caraïben dus) zo veel beter zijn en hoewel ze vaak nauwelijks een band met Nederland hebben, wel de plaatsen bezet houden van in Nederland geboren en getogen jonge honkballers?

Het samengaan van beide culturen vond ruim zeventig jaar geleden hier in Nederland plaats en ontwikkelt zich nog steeds. Jair, de tweelingbroer van Xander Bogaerts, speelt in Nederland voor de vereniging Hoofddorp. Jansen is best een stevige Nederlandse naam en Albies zal, in de toekomst wellicht, net als de andere twee ook nog wel in het oranje shirt spelen.

Maar vooralsnog spelen zij in oktober in de USA. Drie

toppers uit, ja zeg het maar. Ze zijn speelgerechtigd voor het team van het Koninkrijk. Is het dan niet meer dan redelijk om ze ook als zodanig aan te merken en te accepteren?

Voor mij gaat dus niets boven een goed gespeelde honkbalwedstrijd. Om dat dezer dagen mee te maken moet je alleen wat slaap inleveren en dus een beetje gek zijn.

Het zij zo.

Niet prikken is niet spelen

De Amerikaanse basketballer Kyrie Irving (1992) van de Brooklyn Nets bepaalt al dagen het sportnieuws in de USA en nu ook daarbuiten. De tamelijk kleine, behendige speler met de bijnaam 'Little Mountain' is een vaccinatie-twijfelaar, of in ieder geval heeft hij de afgelopen weken de zaken rond zijn prikjes flink opgeblazen.

Geboren in Melbourne, Australië toen zijn vader daar als prof speelde, keerde hij met zijn ouders terug naar Amerika toen hij twee jaar oud was. Hij mag dan geboren Australiër zijn, hij draagt het Amerikaanse paspoort en koos ook voor de Amerikaanse nationale ploeg. Zijn moeder was half African American, half Sioux en van haar moet hij het een en ander meegekregen hebben in occulte of spirituele zaken. Dat legt hij tenminste vaak uit. Voor aanvang van een NBA-seizoen ontsteekt hij bijvoorbeeld waxinelichtjes die hij rond het speelveld plaatst en hij zegt dan hardop spreuken (of zijn het gebeden?). Of misschien is het alleen maar om de boze geesten van dat basketbalveld te verdrijven. Wie zal het zeggen?

Niet erg lang geleden kwam hij met zijn denkbeelden over Moeder Aarde naar buiten. Hij was er toen van overtuigd dat de aarde plat was en dat je er vanaf kan kukelen. Mensen wezen op hun voorhoofd als ze hem dat hoorden zeggen, maar hij heeft er jaren mee rondgelopen. Pas vorig jaar kwam de twijfel. Wellicht had hij het niet helemaal goed gezien...

Toen kwam corona. Net voor die tijd had Irving bekendgemaakt dat hij op een bepaalde manier de islam was gaan aanhangen; hij zei zich te kunnen vinden in sommige van hun leefregels. Hij voegde eraan toe dat hij niet alleen de islam aanhing, maar ook andere, minder bekende geloofsovertuigingen.

Afgelopen zomer nog liet hij door professionals een solar-waterproject in Pakistan uitvoeren. Voor zulke zaken trekt hij ruim de beurs. Hij probeert vaker anderen te helpen en noemt zichzelf een echte 'humanitarian'. Begin dit jaar bijvoorbeeld kocht hij een nieuw huis voor de familie van de vermoorde George Floyd, hij schonk 1,5 miljoen dollar aan vrouwenbasketballers van de WNBA die hun jaarsalaris dor corona ernstig zagen inkrimpen, hij doneerde op een zaterdagochtend 300.000 dollar aan zijn plaatselijke voedselbank en nog onlangs liet hij zeventien pallets met etenswaren bij de indianenstam van zijn (overleden) moeder brengen.

Hij is dus gul, heeft oog voor de lijdende mens en springt dan bij. Er zijn dan altijd lieden die zeggen: 'Ja, kunst zeg, als je dik 30 miljoen verdient.' Vaak zijn dat trouwens mensen die een stuiver in een collectebus laten vallen en dan trots weglopen.

Niet lang geleden begon hij met theorieën aan te komen waarin Satan voorkwam, waarin van geheime genootschappen werd gesproken die hele databanken vol gegevens van gevaccineerde zwarte burgers hadden opgericht en meer van dat soort complottheorieën.

Nu echter de NBA-competitie op het punt van beginnen staat en alle spelers van de dertig ploegen een vaccinatiebewijs dienen te overleggen, heeft Irving zijn kont tegen de krib gegooid en weigert hij aan mensen van zijn club te vertellen of hij wel of geen prik heeft gehaald. Hij vindt dat een privékwestie waar niemand anders iets mee te maken heeft.

Maar in de staat New York is het verboden indoor sportwedstrijden te houden zonder bewijs van vaccinatie te tonen. Twee weken lang heeft dit verhaal boven de basketbalmarkt gehangen, twee weken lang was er onzekerheid over wel of niet geprikt. Totdat de leiding van zijn club de knoop doorhakte: je kunt spelen als je ons de papieren kunt overleggen en doe je dat niet, dan speel je niet.

De leiding van de NBA voegde daaraan toe dat er, bij niet-spelen, een inhouding van 380.000 dollar op zijn salaris per wedstrijd zou volgen. Ja, dat leest u goed. Een week niet spelen kost hem dus een miljoen dollar. Hij zegt dat het daar niet om gaat; het is een principiële kwestie (privé) en geen financiële. Daar ben ik het trouwens mee eens.

Als er echter collectieve regels worden afgesproken (in dit geval plaatselijke, provinciale en landelijke, alsmede regels voor sportorganisaties zoals de NBA) zal Irving zich, menen de meeste rechtsgeleerden, moeten voegen naar die regels.

Zo niet?

Dan niet spelen, niet trainen, en inhouden van salaris.

Irving zegt dat hij voelt dat hij gedemoniseerd wordt. Zijn critici in de USA draaien dat om: hij demoniseert zijn medespelers en tegenstanders. Tsja, wie demoniseert wie?

Overigens ben ik dus van mening dat ieder mens voor zichzelf mag uitmaken een prik te krijgen. Als Irving het verkiest daar niet over te willen praten, dan is ook dat zijn goed recht. Maar het wordt vaag als hij anderen gaat beschuldigen van demonisering.

Het lijkt me dat de regelgeving van land, staat en stad in de USA aangehouden moet worden voor haar ingezetenen. Daar hoort hij dus ook bij, ook als hij in Australië is geboren, waar al mee geschermd werd.

Hoe hoog lopen de twistgesprekken en haatmails op rond Kyrie Irving? Want natuurlijk is het in de VS een zwart-dingetje geworden (en haal de verkleining maar weg).

Hoog zou ik zeggen, maar Irving houdt zijn poot stijf.

In de NBA staan zo'n kleine 400 spelers onder contract van hun dertig clubs, en de NBA maakte bekend dat 4 procent van haar spelersbestand zich (nog) niet heeft laten vaccineren. Namen van andere weigeraars zijn niet genoemd. Irving is echter de enige ongevaccineerde speler die niet mag spelen. De NBA stelt vaccineren niet verplicht, het zijn de regels van New York City die Irving aan de kant houden.

Hoekse en kabeljauwse twisten

Eerst deze bekentenis: ruim zestig jaar geleden ging ik soms met mijn vader mee naar Vitesse. We woonden in Arnhem, vandaar. De heren om ons heen droegen een hoed en tilden die op als ze bekenden passeerden. De doelman van Vitesse, Rinus l'Amie, droeg een oranje trui. Ik was noch voor Vitesse, noch voor de tegenstander. Ik keek mijn ogen uit. Voetbal, bleek toen al, was niet echt 'my cup of tea'.

Op zondag heb ik naar NEC-Vitesse gekeken. Wat een triest misverstand was dat.

Dat er al 57 maal tussen de 'aartsvijanden' was gespeeld, nam ik voor kennisgeving aan. Laat ik eerlijk zijn: ik kende, denk ik, een speler of drie en ik heb na het zien van deze parodie op modern voetbal geen enkele interesse om ook maar een van deze aanstellers te leren kennen.

Voor wie het gemist heeft: de spelers van beide ploegen misdroegen zich, er vloeide geen bloed, iedereen stelde zich aan, er vielen veel te veel (terechte) gele kaarten, het voetbal was nauwelijks de moeite waard, overal lagen zogenaamd geblesseerde spelers over het gras te rollen en het spelpeil was abominabel.

Hoe kan je, als min of meer weldenkend mens, zo'n schertsvertoning opvoeren? Wie bedenkt het om bij voortduring neer te gaan, zogenaamd pijn te hebben, half te sterven... op te staan en verder te kuieren... met het gevoel maar weer wat tijd gewonnen te hebben? De helft van de tijd lag het spel stil, er werd gedurende 52 minuten 'gevoetbald', terwijl de volledige speeltijd 105 minuten was. Wat een armoede, wat een zieke geesten, wat zonde van de tijd om daarnaar te kijken.

Hier was men er alleen maar op uit om de boel te verzieken, om de tegenstander een kaart aan te naaien, om Hoeks of Kabeljauws te zijn, alsof we in 2021 in een lelijke stammenoorlog terecht waren gekomen, een oorlog met zelfs een in elkaar stortende tribune, een ziekmakende orgie van bier en biercups gooiende halve zolen die, plat gesnoven, bezopen en gek hun zondagse plezier beleefden door van een voetbalwedstrijd een kleine schandevlek te maken.

In het veld liepen heel wat buitenlandse spelers. Zouden die in hun inburgeringscursus in ons liefelijke land ooit van Hoekse en Kabeljauwse twisten hebben gehoord? Nee toch...

Nee, zij volgden hun onwaarschijnlijk zielige gevoel dat voetbal inderdaad oorlog kan worden. Waarom wisten die buitenlanders niet; de een schopte de ander en de ander stelde zich aan. We leven echter niet meer in 1400. Toen brak in Holland de builenpest uit, tijdens die eerder genoemde twisten.

Gisteren zag ik de voetbalbuilenpest met eigen ogen. Walgelijk en verwerpelijk. Goed dat mijn vader al lang geleden zacht insliep. Ik licht mijn hoed voor hem. Hij voedde me tenminste op.

Hired to be fired

Coaches worden op enig moment aangenomen en op een ander moment ontslagen. J.C. (die ook ooit door Ajax aan de Middenweg werd gezet) zou zeggen: 'Dat is logisch,' en dat is het ook.

Elke club, in welke sport dan ook, heeft een coach nodig voor heren 1 of dames 3 en dus wordt er gezocht naar iemand die zo'n baan aankan. Diegene gaat werken vanuit eigen optiek, ervaring en instelling. De ploeg gaat trainen en spelen, en bij veel verlies wordt er – bij het voetbal – na drie maanden bozig naar de trainer gewezen. Er komen laffe stukjes in de krant en Johan Derksen doet een plasje over de 'affaire' en dan gaat de carrousel draaien, moet de trainer-coach weg en komt er weer een nieuwe.

Dit is een afgesleten patroon, zo oud als de weg naar Rome. Rome, waar op dit moment José Mourinho voetbalclub AS Roma traint. De Italianen hebben hem aangetrokken omdat...? Zeg het maar. Omdat hij een goede trainer is? Omdat zijn roem en ego groter zijn dan zijn kwaliteiten?

De Portugees leidde de afgelopen jaren Tottenham Hotspur, Chelsea, Real Madrid, Inter Milan, weer Chelsea, Porto, Uniao Leiria en Benfica. Dat is een indrukwekkende lijst voor een helemaal niet zo indrukwekkend fraai optredende trainer-coach. Ja, hij heeft een beste babbel en hij kan zich als een plurk gedragen en mensen geweldig te kakken zetten en met zijn arrogantie hele volksstammen aan fans gek maken, en toch krijgt hij steeds weer ergens een zeer dik betaalde baan. Blijkbaar zijn er nog altijd mensen die in het 'sprookje van Mourinho' geloven en een paar miljoen per jaar willen overmaken voor de diensten van een man die... laten we het keurig stellen: een beetje aan het afglijden is.

En dat afglijden doet hij nu bij Roma. Wanneer zal hij daar een schop onder zijn gat krijgen en waar zal hij dan weer heen trekken? Welke club zal er weer in trappen? Mourinho nadert de zestig en daarmee de pensioenleeftijd voor beroemde trainers. Wacht hem nog de zandbak met wat sjeiks en hun miljoenen, of blijft hij rondzwemmen in de gouden voetbalzwembaden van Europa? Hoeveel krediet heeft hij nog?

Dat Ronald Koeman in Spanje de verhuisdozen na een jaar alweer van zolder moest halen, was evident. Geen mens blijft overeind in de storm van Barcelona, ook hij niet. Zijn lijstje werkgevers is indrukwekkend maar geeft ook te denken: Vitesse, Ajax, Benfica, PSV, Valencia, AZ, Feyenoord, Southampton, Everton, Oranje, Barcelona. Ook hij is een job-hopper, zoals Mourinho. Hired to be fired. En dan voortdurend zorgen dat je beter uit het ontslag kwam dan dat je erin ging. De Portugees was vervelender, pregnanter aanwezig en vooral arroganter. Koeman bleef zijn Groningse nuchterheid houden, maar had zich toch ook aangepast aan het draaideurgedrag van de toptrainers in het voetbal.

Wat er in Barcelona met Koeman gebeurde was een kwestie van uiterste paniek. Dat was chaos, gecreëerd door de voorzitter, (mede) ingegeven door het vertrek van de veel te dure sterspeler Messi en het volkomen idiote financiële beleid van een club die eigenlijk aan het volk van Catalonië toebehoort, maar nu vooral van een aantal bankinstellingen is.

Het gangreen bij Barcelona is het zoveelste bewijs dat de topvoetballerij de eigen broek niet kan ophouden en alleen door grote financiële schulden te maken mooi weer kan spelen en in maatpakken loopt. Eerder gebeurde dat in Spanje bij Real Madrid, waar de schulden opliepen en de trotse Banesto Bank lijdzaam moest toezien hoe de club met geld bleef smijten en honderden miljoenen verlies leed. De bank kon het niet maken de club failliet te verklaren en het grote publiek zijn speelgoedje te ontnemen.

Stel dat die Mourinho en Koeman helemaal niet zo goed zijn als men denkt? Stel nou dat ze meer naam en faam hebben dan de werkelijkheid rechtvaardigt? Ik acht dat zeer wel mogelijk.

Als je eenmaal aan de top bent beland, dan word je als een poppetje over het bordspel van rijke topclubs en miljardairs heen en weer geschoven. De grote namen leven voort bij de gratie van hun uitstraling en grote mond, resultaten behaald in het verleden, hun slimme managers, en blijven daardoor in dat heerlijk verwarmde water van het gouden voetbalzwembad dobberen.

Mourinho vond steeds weer een ploeg, maar presteerde lang niet altijd op niveau.

Voor Koeman komt ook wel weer een club. In een voetbalpraatprogramma werd de deur bij PSV al opengezet: even terug in de luwte van Holland, zijn ze in Eindhoven ook meteen van die warrige wisselaar af en kan

Koemans trein gewoon doorrijden. Veel minder salaris, maar Koeman heeft wel wat vet op de botten, werd er gelachen.

Ik moest denken aan Gert Jan Verbeek. Hij ging door voor een leuke, atypische voetbaltrainer die overal en altijd spelers beter maakte, origineel was en duidelijk ook. Toen hij aanmonsterde bij Almere dacht men: die gaan daar in de polder goed leren voetballen. Leek logisch. Maar hoe vergaat het Almere? Een na laatste in de Keuken Competitie... dat lijkt me tamelijk rampzalig. Twee winstwedstrijdjes en dat met de grote Verbeek aan het roer. Hij is dus net zo afhankelijk van de daden van zijn selectiespelers als Koeman en Mourinho.

De trainer of coach wordt ingehuurd om de poppetjes op de goede plaats te zetten, om de spelers de juiste dingen bij te brengen en dan mist Memphis een penalty en loopt Koeman vast naar de uitgang. Adios!

Hired to be fired.

We zullen het maar niet over afkoopsommen hebben. Nee, we hoeven voor Koeman geen inzameling te gaan houden.

Het is wel een mooi gespreksonderwerp voor sportgekken onder elkaar: hoe goed is Koeman eigenlijk? Er schijnen mensen te zijn die dat werkelijk weten. Niet goed, volgens hen.

En op welke trein hij gaat springen, zullen we gaan zien. Zeker is nu al dat het station waar hij instapt, later ook weer een uitgang heeft. En zo zal het altijd blijven.

Mart Smeets
DE TOUR VAN '80
De legendarische 'Nederlandse' Ronde in verhalen en feiten
Mart Smeets
DE TOUR VAN '80

Die legendarische Tour, met een terugblik op alle deelnemers van toen

De mooiste Tour is voor Nederlanders nog altijd de Tour van '80: winst voor Joop Zoetemelk, de tweede plaats voor Hennie Kuiper, tien etappezeges en twee ploegentijdritoverwinningen voor de Raleighploeg van Peter Post. In een meeslepende reconstructie beleeft Mart Smeets deze legendarische 'Nederlandse' Tour de France nog één keer. Hij blikt terug met alle betrokkenen, komt met verrassende feiten en openhartige verhalen van achter de schermen, en zoekt uit wat er van alle deelnemers van toen is geworden.

'Het boek is doordesemd met hele mooie details waardoor je het wielrennen beter gaat begrijpen. Schitterende verhalen.' *Beau*

'Een onderhoudend verhaal van start tot finish, geheel in de eigen stijl van Smeets.' *NBD Biblion*

'Smeets weet de Tour van 1980 met zijn boek echt tot leven te wekken. *De Tour van '80* is een prachtige inkijk in de historische Touroverwinning van Joop Zoetemelk en weet de tijdsgeest perfect tot leven te roepen. Verplichte kost voor de wielerliefhebber!*****' Thrillzone.nl

WWW.UITGEVERIJDEKRING.NL/DE-TOUR-VAN-'80

Mart Smeets
STILLE SPORT
sportverhalen
Mart Smeets STILLE SPORT

Het was een veelbelovend sportjaar, maar toen kwam corona...

Naast de gebruikelijke grote evenementen zou 2020 ook nog het EK voetbal en de Olympische Spelen bevatten. Maar toen kwam corona. In de sportwereld ontstond paniek, twijfel, teleurstelling, verdriet. Wat ging er wel door, wat niet? Waar trainden de atleten eigenlijk voor, was hun trainingsopbouw nog toereikend? Mocht er publiek bij de wedstrijden? Welke stunts waren er te bedenken? De Amerikaanse basketbalcompetitie werd in z'n geheel in een bubbel in Disneyland, Orlando verder gespeeld; de Tour de France ging pas eind augustus onder zwaar corona-regime van start; voetbalstadions waren spookachtig leeg, maar de tv-kijker hoorde het stadionrumoer via een geluidsbandje. Alles was vreemd.

De verslagen van Mart Smeets, zelf thuis opgehokt, lezen als een barometer van de onzekere tijd die in het voorjaar aanbrak en waarvan het einde niet in zicht is.

'De karakteristieke sportverhalen zorgen voor een bijzondere herbeleving van mogelijk het raarste sportjaar ooit.' *Friesch Dagblad*

'Een prachtige inkijk in de beleving van het bijzondere sportjaar 2020 door de ogen van een kritische kenner. Menigmaal toveren de beschouwingen een glimlach op het gezicht van de lezer.' Thrillzone

'Eén van de beste boeken uit het rijke en veelomvattende oeuvre van Mart Smeets!' Allesoverboekenenschrijvers.nl

WWW.UITGEVERIJDEKRING.NL/STILLE-SPORT